Pierre Vandenberg

Prison: Poubelle d'Humanité - Vitrail d'Eternité

Pierre Vandenberg

Prison: Poubelle d'Humanité - Vitrail d'Eternité

Val d'Akor - Porte d'Espérance (Osée 2,17)

Éditions Croix du Salut

Impressum / Mentions légales
Bibliografische Information der Deutschen Nationalbibliothek: Die Deutsche Nationalbibliothek verzeichnet diese Publikation in der Deutschen Nationalbibliografie; detaillierte bibliografische Daten sind im Internet über http://dnb.d-nb.de abrufbar.
Alle in diesem Buch genannten Marken und Produktnamen unterliegen warenzeichen-, marken- oder patentrechtlichem Schutz bzw. sind Warenzeichen oder eingetragene Warenzeichen der jeweiligen Inhaber. Die Wiedergabe von Marken, Produktnamen, Gebrauchsnamen, Handelsnamen, Warenbezeichnungen u.s.w. in diesem Werk berechtigt auch ohne besondere Kennzeichnung nicht zu der Annahme, dass solche Namen im Sinne der Warenzeichen- und Markenschutzgesetzgebung als frei zu betrachten wären und daher von jedermann benutzt werden dürften.

Information bibliographique publiée par la Deutsche Nationalbibliothek: La Deutsche Nationalbibliothek inscrit cette publication à la Deutsche Nationalbibliografie; des données bibliographiques détaillées sont disponibles sur internet à l'adresse http://dnb.d-nb.de.
Toutes marques et noms de produits mentionnés dans ce livre demeurent sous la protection des marques, des marques déposées et des brevets, et sont des marques ou des marques déposées de leurs détenteurs respectifs. L'utilisation des marques, noms de produits, noms communs, noms commerciaux, descriptions de produits, etc, même sans qu'ils soient mentionnés de façon particulière dans ce livre ne signifie en aucune façon que ces noms peuvent être utilisés sans restriction à l'égard de la législation pour la protection des marques et des marques déposées et pourraient donc être utilisés par quiconque.

Coverbild / Photo de couverture: www.ingimage.com

Verlag / Editeur:
Éditions Croix du Salut
ist ein Imprint der / est une marque déposée de
AV Akademikerverlag GmbH & Co. KG
Heinrich-Böcking-Str. 6-8, 66121 Saarbrücken, Deutschland / Allemagne
Email: info@editions-croix.com

Herstellung: siehe letzte Seite /
Impression: voir la dernière page
ISBN: 978-3-8416-9859-9

Copyright / Droit d'auteur © 2013 AV Akademikerverlag GmbH & Co. KG
Alle Rechte vorbehalten. / Tous droits réservés. Saarbrücken 2013

La prison

Poubelle d'humanité - Vitrail d'éternité

« Je ferai du Val d'Akor une porte d'espérance » (Osée 2,17)

Pierre VANDENBERG

«Aime- moi lorsque je le mérite le moins, car c'est alors que j'en ai le plus besoin» **(Proverbe chinois)**

*Merci à Paul, Luc, Michel, Jean, Petro,
pour leur aide technique et fraternelle,
en leurs compétences respectives.*

*Les illustrations de ce livre sont des photographies des vitraux de l'Eglise du Val St Lambert à Seraing. Ces véritables œuvres d'art de grandes qualités, furent réalisées par des Maîtres-Verriers des usines « Les Cristalleries-du-Val-St-Lambert » en 1946 et 1947.
Les photos sont de « **Christian MOYSE** » que je tiens à remercier.*

INTRODUCTION

Dieu est-il en prison ? Peut-on l'y rencontrer ? C'est une question qui m'a souvent été posée et qui a tout son sens.
L'occasion d'aller voir me fut donnée le jour où l'évêque de mon diocèse m'y envoya comme aumônier catholique, suite à une demande de la direction de l'établissement pénitentiaire. C'est là que j'ai pu constater que le Dieu de Jésus Christ s'était levé bien avant moi et m'y avait précédé depuis longtemps. La fonction d'aumônier qu'il fallait y exercer et pour laquelle une formation était bien nécessaire, consistait à se passer le « relais » de l'un à l'autre, pour une discipline qui était loin d'être celle des jeux olympiques. S'il s'agissait de courir, c'était pour un marathon où les prévenus et les condamnés devaient gagner en qualité de vie éternelle impérissable, comme disait saint Paul, et avec l'aide du seul dopage permis : la Parole de Dieu. En bout de course, la seule médaille ou la couronne de laurier, c'était la liberté. De plus, dans ce milieu fermé particulier qu'est une prison, il s'agissait surtout de *« purifier d'abord l'intérieur de la coupe et du plat, afin que l'extérieur aussi devienne pur»* (Evangile de Matthieu 23, 26).

Le conseil à transmettre était clair : Le Seigneur m'a dit : « *Je vais t'enseigner et te montrer la route à suivre. Je vais te donner un conseil en gardant les yeux fixés sur toi : le cheval et le mulet sont stupides, il faut les freiner et les guider par le mors et la bride pour les faire obéir. Ne leur ressemble pas ! Alors rien de mal ne t'arrivera»* (Psaume 32, 8-9). Et n'oublie pas de leur dire : *« Aucun don de Dieu ne vous manque, à vous qui attendez que notre Seigneur Jésus-Christ revienne... C'est Lui qui vous fera tenir solidement jusqu'au bout... Car Lui, Il est fidèle »* (1ère Epître aux Corinthiens 1,7-9).
L'image du vitrail définira la mission. En effet, afin de bien percevoir ce que représente un vitrail, son contenu, ses messages et ses représentations, il est nécessaire de le regarder de l'intérieur de l'édifice lorsque le soleil l'irradie et donne à chaque détail sa pleine luminosité, sa couleur, son expression. Il en ressortira ainsi des scènes de vie quotidienne souvent faites de combats entre le mal et le bien, entre les forces de la mort et celles de la résurrection. C'est ainsi que les grands défis de la prison ne seront guère différents de ceux vécus par chaque personne à l'extérieur, dans son monde particulier, quelles que soient les situations vécues.
Il n'y a pas longtemps qu'un ami de longue date nous a quittés pour « l'Autre Rive ». Dans le message écrit qu'il nous a laissé, il dit : *«Je suis un traqueur du mystère divin qui habite chacun et tous les hommes, l'humanité toute entière... C'est génial, c'est vital, la Vie m'aime et j'aime la Vie! ».*
Un détenu, rencontré en cellule, à qui je posais un jour la question : « As-tu envie

d'en sortir ? » me répondit, avec sagesse, que son désir était grand, mais que le temps n'était pas encore venu, car il ne se sentait pas prêt à vivre à l'extérieur en liberté. En effet, disait-il, c'est dans la tête et dans le cœur que les vraies choses se passent.
Dans la grande prison que sont notre corps mortel et la société dans laquelle nous vivons, ne sommes-nous pas des chercheurs de bonheur, des traqueurs de mystère divin, jusqu'à ce que nous l'ayons trouvé, rencontré, pour communier avec Lui, en vue de la plus grande joie et le bonheur de chacun et de tous. Dans l'attente de la réalisation de ce « nous sommes faits pour vivre libres », la vie sera pour tout homme un grand vitrail aux mille couleurs. Il dépendra en grande partie de nous, et de l'environnement choisi, que notre regard et notre action, faits de foi, d'espérance, d'amour, plutôt que de haine et de violence, nous permettent d'avancer sur des chemins d'éternité !
« *Si le Christ nous a libérés, c'est pour que nous soyons vraiment libres. Alors tenez bon, et ne reprenez pas les chaînes de votre ancien esclavage* » (Saint Paul aux Galates, 5,1).
Et « s'il est interdit d'interdire » comme revendiquaient les partisans du changement de mai 68, il est plus que jamais « urgent d'inter-dire ! » ai-je envie d'ajouter.

Ce petit livre de réflexion à partir de mes dix années d'aumônier de prison, je voudrais l'offrir en cadeau à tous ces détenus qui ont été mis sur ma route ou que j'ai pu croiser.
C'est aussi un hommage à cette foule immense de travailleurs et travailleuses que j'ai eu la chance, et même la grâce, de côtoyer sur les routes de mes cinquante années de vie sacerdotale au service du monde ouvrier.
« *Chaque travailleur vaut plus que tout l'or du monde, parce qu'il est fils de Dieu* » disait partout le Cardinal Joseph Cardijn (1882-1967), fondateur de la J.O.C. ' Jeunesse Ouvrière Chrétienne'.
Ces rencontres ont été de véritables pages d'histoire de vie en commun, de communion et de luttes fraternelles solidaires. Elles se sont déroulées dans les bassins industriels de Herstal et de Seraing en région liégeoise, ensuite dans la Belgique entière, ses régions et ses communautés, avec de multiples contacts sur le plan de l'Europe et du monde.
Il en découlait, pour tous les militants et militantes organisés dans la diversité des organisations du mouvement ouvrier, une volonté de transformation des cœurs, mais aussi des milieux de vie, afin que ceux-ci ne deviennent pas des prisons, ni des poubelles d'humanité, mais des vitraux d'éternité.
Je n'ai ici nullement la prétention d'élaborer un travail de criminologie sur la prison, pas plus que de faire œuvre, si minime soit-elle, de théologie ou de missiologie ; d'éminents spécialistes de ces différentes questions existent dans ces domaines bien particuliers.
Je me permets cependant d'espérer que ces lignes, issues de mon cœur et de mon âme, expriment des aspirations légitimes, sinon quelques rêves de « faire Eglise au service d'un monde meilleur ».

LA CREATION: «MON PERE TRAVAILLE TOUJOURS»

PROSPECTION POUR UNE MISSION

« Nous aussi, autrefois, nous étions naguère des insensés, des rebelles, des égarés, esclaves d'une foule de convoitises et de plaisirs, vivant dans la malice et l'envie, odieux et nous haïssant les uns les autres. Mais par le bain du baptême, il nous a fait renaître et nous a renouvelés dans l'Esprit Saint » (Paul, Épître à Tite 3,3-5).
« Prends le temps de mesurer avec ta main les eaux des mers, de jauger les cieux avec tes doigts, d'évaluer en boisseaux la poussière de la terre, de peser les montagnes à la balance et les collines sur un crochet » (Isaïe 4,11).

Avant d'accepter la mission, qui me fut demandée, d'intégrer l'équipe d'aumônerie catholique en prison, - une terre qui m'était inconnue -, j'ai voulu écouter le prophète qui me conseilla d'aller reconnaître le terrain. La confrontation avec ce nouveau milieu de vie ne fut pas une mince affaire. Franchir les lourdes portes en fer et les nombreuses grilles successives, qu'il faut ouvrir et refermer, affronter les cris, les pleurs et les violences, les situations d'inhumanité, les règlements intérieurs et extérieurs exigeants, tout cela heurte ma sensibilité et me fait mal. Donc, afin de ne pas courir en vain dans tous les sens, des visites préalables à l'engagement furent bien utiles. Elles étaient accompagnées de guides expérimentés qui m'ont aidé à prendre conscience des situations auxquelles j'allais être confronté. Elles ont été les chemins pour aller à la rencontre de ces brebis gagnées par la panique, blessées par la vie, décimées par la société, aveuglées par le brouillard de la vie, ballottées par les tempêtes intérieures et extérieures et souvent plongées dans l'obscurité.
Il fallait se laisser conseiller sur les multiples risques d'une croisière aux mille dangers. Affronter une mer houleuse, capable de vous engloutir tout vivant, parce que parsemée de rochers cachés et imprévus sur lesquels on peut échouer à chaque instant.

Il faut aussi du temps pour poser les balises entre lesquelles on pourra naviguer en haute mer, sur un bateau souvent cahoté par les vagues. Tantôt ce sont les humeurs des hommes, suspendus aux longues attentes des jugements ou de l'exécution des peines, tantôt les réactions de ceux et celles qui forment l'équipage d'accompagnement. Et si la conversion fait partie du programme de navigation, tout au long du voyage qui est un long carême imposé aux détenus, où chacun des passagers est privé de tout, il sera nécessaire de se serrer les coudes en équipe autour du commandant de bord.
Vraiment, il ne s'agit pas ici d'une croisière de plaisir pour touristes d'un jour, car la traversée prendra du temps. Il faudra régulièrement faire le plein de carburant et soigner ses motivations, nourrir à la fois les passagers et le personnel de bord, réparer les filets qui se déchirent, ce qui risque de laisser s'échapper le poisson.
J'ai souvent pensé au personnage biblique de Jonas, à qui Dieu avait confié la mission de porter un message aux habitants de la grande ville de Ninive, qui se conduisaient si mal. L'envoyé de Dieu s'était mis en route, mais en fuyant dans une toute autre direction que celle qui lui était proposée. La tempête faisant rage, Jonas

s'en reconnut responsable et se fit jeter à l'eau. Il fut sauvé par un grand poisson qui l'engloutit pendant trois jours dans ses entrailles, avant de le vomir sur le rivage. Ce n'est qu'après ce temps de réflexion qu'il réalisa, dans la bonne direction cette fois-ci, la mission qui lui était confiée. C'est alors que la population de cette importante ville de Ninive redevint capable de différencier le bien du mal : « *Ils publièrent un jeûne et se revêtirent de sacs, depuis le plus grand jusqu'au plus petit* » (Jonas 3,5).

A l'image de Jonas, passant trois jours dans le ventre de la baleine, Jésus passera lui aussi trois jours dans le ventre de la terre : c'est le temps nécessaire de l'éveil progressif qui aboutira à la Résurrection, tant celle du Christ, que celle accordée à ceux qui le suivent, aux vivants et aux morts. C'est le temps du passage d'une vision matérialiste du monde des prisons de nos vies, à une autre vision qui est celle de la dimension d'éternité de toute personne et de l'humanité toute entière.

La mission vaut vraiment la peine d'être vécue. La traversée des eaux de la vie, cachant tous les dangers, est un enjeu permanent qui conduit au but final, à condition que le commandant de bord soit le Christ lui-même.

Au commencement du récit de Jonas, devant les attitudes lamentables des habitants de Ninive, la première réflexion de Dieu fut celle de vouloir détruire la ville. Mais grâce au retournement de situation, à la conversion, Dieu lui-même changea d'avis : au lieu de détruire la ville, Il choisit de faire vivre pleinement toute la population.
Jonas réaffirma alors son « Credo », qu'il avait d'abord peine à digérer : « *Je savais en effet que tu es un Dieu de tendresse et de pitié, lent à la colère, riche en grâce et plein d'amour* » (Jonas 4,11).

> « *Et moi, dit Dieu, je ne serais pas en peine pour le monde où il y a des milliards d'êtres humains qui ne distinguent ni leur droite ni leur gauche, ainsi qu'une foule d'animaux !* » (Jonas 4,11).

Cette scène me fait aujourd'hui penser au grand navire qu'est l'Eglise. En effet, dans nos régions, couchée sur le flanc, elle paraît échouée, ayant buté sur des rochers bien dissimulés. Des passagers choqués la quittent sur la pointe des pieds, se demandant ce qui leur arrive en voyant que leur navire perd sa cargaison, son énergie, son carburant.

Mais où sont donc passés les membres du personnel naviguant ? Ceux que le Maître, commandant de bord, avait appelés à venir derrière Lui, pour en faire des pêcheurs d'hommes, et leur confier la barre, la carte du parcours et la boussole ?

Aussi bien dans les prisons que dans tous les coins du monde : « *J'ai la conviction profonde que l'annonce de la foi peut se vivre dans des gestes de tendresse, un regard, un sourire, dans les mots d'une poésie, dans le langage des fleurs ou de la musique, tout autant que dans le témoignage de notre croyance en Dieu* » (Ph. Cochinaux, dominicain, *Chemins vers le bonheur*, p. 85).

SEL DE LA TERRE

Dans un récent reportage sur les prisons en Belgique, la presse signalait l'incarcération de plus de onze mille détenus, prévenus et condamnés.
Les « aumôneries » de toute obédience (chrétienne, protestante, musulmane, israélite, laïque) ont le souci de l'accompagnement de ces populations. Elles répondent aux demandes de visites, de rencontres, d'écoute, d'organisation des cultes, etc. Leurs préoccupations consistent à aider celles et ceux qui le demandent à traverser au mieux ces périodes sombres et pénibles de leur histoire et à en écrire de nouvelles pages pleines d'espérance.
« Recherchons ce qui nous associe les uns aux autres en vue de la même construction » disait St Paul (Epître aux Romains 14,19).
Il y a un droit pénal qui qualifie les délits, institue et organise l'appareil judiciaire, afin de poursuivre et de juger ceux et celles qui contreviennent à la loi. Il faut à tout prix trouver les coupables, les faire passer en justice, les condamner - s'il le faut - à des peines qui doivent être exécutées, tantôt par des amendes, des peines de prison, tantôt par des formules alternatives.

Mais cette forme de justice répare-t-elle vraiment les conséquences des délits ? Remet-elle vraiment l'homme debout ? Le réinsère-t-elle dans la société, en lui donnant de nouvelles chances ? Ne serait-il pas temps de mettre en place une « justice réparatrice » qui porterait davantage encore les souffrances des victimes, des blessés de la vie, comme elle le fait des contrevenants? Toute l'attention serait alors portée pour tous sur leurs besoins d'être entendus, accompagnés, entourés, sécurisés, réparés pour les uns, rééduqués pour les autres.
Etty Hillesum, jeune femme juive hollandaise (1914-1943) victime à Auschwitz de l'extermination nazie, écrivait : « Le moindre atome de haine que nous ajoutons à ce monde, nous le rend encore plus inhospitalier qu'il n'est déjà ».
Comme il est difficile, dans la peau de l'offensé, de ne pas se laisser envahir par des sentiments de haine destructrice envers l'agresseur et, chez le coupable qui purge sa peine, de ne pas nourrir la haine contre le système répressif qui l'accable!
Comment pourrait-on trouver ensemble les moyens et le courage de transformer les appareils de justice répressive en outils efficaces de réparation, et de travailler ainsi à la restauration des liens personnels et sociaux ?

C'est sans doute ce qu'a voulu dire Jésus dans le 'sermon sur la montagne' : *« Si votre justice ne surpasse pas celle des hommes de lois, vous n'entrerez pas dans le Royaume des Cieux »* (Evangile de Matthieu 5, 2).
Utopie, diront certains ! Objectifs louables, diront d'autres ! Le débat est ouvert !
Dans la culture du Proche - Orient qui est en ébullition, en mal de démocratie, le sel évoque différentes valeurs dont l'alliance, la solidarité, la vie, la sagesse. Ces valeurs, mises en actes, peuvent être capables de donner une « saveur nouvelle » au monde d'aujourd'hui, de le préserver et le guérir de bien des formes de corruption.
Les tonnes de sel répandu sur nos routes en hiver nous aident à retrouver quelque

mobilité et à éviter bien des accidents.
Géniale et actuelle est la Parole de l'Evangile : *« Vous êtes le sel de la terre »* (Evangile de Matthieu 5,13). A nous donc de le doser et le répandre, en veillant à ce qu'il ne perde pas sa force d'action et donne pleinement aux aliments leur saveur et aux hommes leur efficacité.

LE CHRIST: «SORTEZ DE VOS PRISONS»

JUSTICE REPARATRICE

Le prophète Osée, contemporain d'Amos, a vécu en Israël dans les années 720 av. JC. Le thème fondamental de son message était : « l'amour de Dieu est méconnu du peuple, car celui-ci ne se complaît que dans les biens matériels qu'il ne cesse d'accumuler ».

« Israël était une vigne luxuriante qui portait beaucoup de fruits. Mais plus ses fruits se multipliaient, plus Israël multipliait ses autels; plus son pays devenait riche, plus il enrichissait les stèles et les idoles ».

Comme prophète du Premier Testament, le prophète Osée s'en prend aux rois et aux prêtres rapaces qui conduisent le peuple à sa perte dans des cultes idolâtres. Il leur annonce que *« Epines et ronces recouvriront leurs autels »* (Osée 10,8). C'est bien sûr une manière de parler pour dénoncer la situation catastrophique et appeler le peuple à une conversion en profondeur.
Aujourd'hui l'Eglise de Belgique et d'ailleurs est mise sur le grill. Par sa justice pénale, la société civile veut à tout prix qu'éclate au grand jour toute la vérité sur les faits commis et les responsabilités partagées par des hommes d'Eglise en matière de pédophilie dans les relations pastorales.
« Qui donc est Dieu qu'on peut si fort blesser en blessant l'homme ? » (Hymne des laudes)

Il n'est plus question, pour l'ensemble des magistrats, de laisser à certaines corporations - et à l'Eglise en particulier - le privilège de « laver son linge sale en famille ». C'est, pour tous, le chemin urgent d'une Vérité qui rendra libre.
Et le même prophète Osée propose un objectif et un plan de travail :

*« Faites des semailles de justice,
Récoltez une moisson de miséricorde,
Défrichez vos terres en friche.
Il est temps de chercher le Seigneur »* (Osée 10,12).

Voilà bien un programme formidable !

Comment dégager le terrain des ronces et des épines qui encombrent l'autel des sacrifices qu'est l'Eglise et son personnel, afin de permettre qu'y poussent, grandissent et s'épanouissent les fleurs des champs, signes de l'espérance de temps nouveaux ?
Par ailleurs, le temps ne serait-il pas venu pour la justice de passer d'un système pénal classique qui punit, enferme et exclut, à un nouveau modèle de justice qui, à la fois répare le mal subi par les victimes, stigmatise et corrige les écarts coupables et éduque la société tout entière, en réparant ce qui peut l'être.
En termes de réparation, le latin nous parle de « parere » qui signifie donner la vie,

engendrer, mettre au monde. Le délit, aussi grave soit-il, brise violemment les liens que seul un système de « justice réparatrice » pourrait œuvrer à renouer, retisser, réengendrer, restaurer.
C'est là que la justice de Dieu, miséricordieux et plein d'amour, peut croiser la justice des hommes. C'est le chemin par lequel la société composée de citoyens pourra devenir une communauté de frères et de sœurs capables de réengendrer de manière permanente un réel monde nouveau.
Paroles ! Paroles ! Paroles ! Rêve ! Utopie ! Diront certains.

> *« Une vision sans plan d'action, ce n'est qu'un rêve !*
> *Un plan d'action sans vision, c'est de l'ennui !*
> *Une vision et un plan d'action, c'est l'espoir ! ».*

Espoir : tant pour les victimes et les coupables, que pour la société qui aspire à la vérité tout entière, à la sécurité de chacun et de tous et ainsi à plus d'humanité pour l'avenir du monde.

CLIN D'ŒIL

Lors de mes pèlerinages de cellule en cellule, afin de répondre aux appels des gars qui y sont enfermés, j'avais souvent en poche une arme terrible appelée « chokotoff ». Ce bonbon, enveloppé de délicieux chocolat, aux vertus miraculeuses, dégusté dans un milieu de privation total, et présenté avec amitié sincère, sans arrière-pensée, était d'une efficacité sans pareille pour percer les corps et les cœurs ; à mille lieux de la violence de la fameuse « kalachnikof ».
Un jour, en « cellule nue », appelée autrefois « cachot », et devenue aujourd'hui « cellule de réflexion », je rencontrai, à travers l'épaisse grille cachée derrière la lourde porte en fer, un détenu qui avait « pété les plombs ». Il devait y passer trois nuits, suite à une dispute et à un conflit à mains nues avec un surveillant. Il accusait celui-ci de l'avoir pris en grippe injustement. Le chef en uniforme, selon le règlement des lieux, s'était empressé, pour se justifier de la décision prise, de faire un rapport écrit à son supérieur hiérarchique qui, lui, devait le porter à la direction de la maison en vue de la confirmation de la sentence proposée et déjà mise à exécution.

Je tendis donc au « p'tit Louis » une de ces merveilles inventées par « Côte d'or ». Après l'avoir regardée, déballée, dégustée lentement pour la faire durer le plus longtemps possible, il me dit, en guise de remerciement : « votre cadeau a vraiment un goût de liberté ».
Cette parole me fit quelque peu tressaillir d'émotion. Nos regards se croisèrent et un sourire mouillé d'une larme pointa sur son visage. Ce fut un instant d'intense communion, au point que j'eus quelque difficulté à rentrer la grosse clé dans le trou de la serrure afin de refermer la porte. Le p'tit Louis, s'en étant aperçu, me lança une boutade : « Ah, vous autres, les aumôniers, vous n'êtes vraiment pas fait pour fermer des portes, mais pour ouvrir des cœurs ».

N'est-ce pas là en effet la mission, reçue d'en- Haut, de la part d'un Dieu proche de tout homme, en vue de le libérer lorsqu'il est enfermé et grillagé ! C'est aussi le sens de chaque rencontre qui est appelée à être une véritable communion, car *« Là où deux ou trois sont réunis en mon nom, je suis au milieu d'eux »* (Evangile de Matthieu 18,20).

C'est ainsi que, pour un bref instant, une « poubelle d'humanité », peut se transformer en un « vitrail d'éternité ».

LA GRENOUILLE

« J'ai été névrosé pendant plusieurs années. J'étais plein d'angoisses, déprimé, et égoïste. Suiveur, je me suis laissé entraîner sans réfléchir dans une série d'affaires. Et tout le monde me répétait de changer. J'en ai voulu à tout le monde, puis je suis tombé d'accord avec tout le monde, et j'ai pris la résolution de changer, mais je n'y parvenais plus, quels que fussent mes efforts. C'était trop tard. Mais enfin, que je suis bête. Comment en suis-je arrivé là ? » (Paroles de détenu).

Comment en arrive-t-on à être dégradé à ce point ?
Pendant le temps des vacances, un journal bien connu a lancé une enquête sur l'avenir des églises - bâtiments de la région liégeoise vu leur fréquentation de plus en plus médiocre. Les églises qui se vident coûtent très cher à ceux qui ont mission de les entretenir. Elles s'abîment surtout par les toits qui percent et provoquent ainsi la dégradation des édifices quand on ne réagit pas à temps.
Par contre, c'est par les pieds que bon nombre de communautés chrétiennes se désintègrent. Ce sont les fondations qui sont fragilisées par un manque de foi, de conviction, ce qui amène leurs membres à un désintérêt pour la pratique religieuse. Si on ne bâtit plus sa vie sur les valeurs fondamentales pour les uns, sur le roc qu'est le Christ pour d'autres, l'hémorragie s'accentue et l'effet du ciment communautaire s'affaiblit. *« Si le sel lui-même perd sa saveur, avec quoi salera-t-on ? »* (Evangile de Luc 14,34).

Les discussions vont partout bon train : comment en est-on arrivé là ? Quelles décisions faut-il prendre ? Faut-il, dans cette situation, conserver, maintenir, réparer, recycler, rénover ou démolir ?
La parabole de la grenouille et de son eau de cuisson est éclairante à ce sujet : « Le matérialisme galopant d'une société basée sur l'économie de marché gagne beaucoup de terrain et envahit notre monde, devenu un grand village par le phénomène de la mondialisation. Les gens n'ont pas conscience qu'ils sont pris dedans, comme des grenouilles dans leur eau de cuisson. Vous savez, pour faire cuire des grenouilles, on les jette dans l'eau froide : elles nagent, elles sont dans leur élément. Peu à peu, on fait chauffer l'eau ; elles se sentent bien, se détendent, se laissent aller. Quand l'eau bout, elles meurent, sans même avoir essayé de s'enfuir. Lorsqu'elles ont commencé à souffrir, il était déjà trop tard. Ainsi en va-t-il de nos contemporains qui, confortablement installés dans le matérialisme, se rendent compte parfois trop tard qu'ils ont perdu leur vie et leur âme ». Cette expérience est riche en enseignement.

En effet, la lente détérioration, faute de prise de conscience, d'indignation, d'opposition, de conviction, de révolte, aboutit à la catastrophe : nous voilà cuits et mangés, à la manière de la grenouille, dans la marmite d'une société sécularisée où il est interdit d'interdire. Chacun pour soi veut tout, tout de suite, sans effort et gratuitement si possible. Seule une vigoureuse réaction et décision prise en temps

opportun est capable de nous libérer.
Il en est de même pour notre santé qui se détériore insensiblement mais sûrement, vu l'affaiblissement de nos systèmes de défense immunitaire.
Que penser de l'empoisonnement progressif, par les produits chimiques, des sols, de l'air, de l'eau et des grandes pollutions qui défraient la chronique ?
Que dire de l'éclatement de certaines familles, de la fragilité des couples, des nombreuses séparations et recompositions et, fondamentalement, des raisons fondamentales de ces situations ?

Au plan social, n'y a-t-il pas un déclin progressif des valeurs humaines ? Rares sont les personnes et institutions qui s'en offusquent et osent dénoncer à temps les excès et les débordements ; où se situent donc la morale et l'éthique ?
En ce qui concerne l'Eglise, véhicule du message de l'Evangile, n'est-il pas grand temps que les baptisés se réveillent et se mobilisent, car il est urgent de sauver les communautés chrétiennes, pour libérer les grenouilles anesthésiées par les propositions de faux bonheurs qui ne conduisent qu'à des impasses.

Frère Roger, fondateur de la communauté de Taizé, lançait cet appel en 2003 dans sa lettre 'aux sources de la joie': « *Quand inlassablement l'Eglise écoute, guérit, réconcilie, elle devient ce qu'elle est au plus lumineux d'elle-même, une communion d'amour, de compassion, de consolation, limpide reflet du Christ Ressuscité. Jamais distante, jamais sur la défensive, libérée des sévérités, elle peut rayonner l'humble confiance de la foi jusque dans nos cœurs humains* ».
« Je suis le Chemin, la Vérité et la Vie » (Evangile de Jean 14,6).

C'est une Bonne Nouvelle qui réveille et, prise au sérieux, sonne la fin de nos inconsciences, de nos fatigues, de nos endormissements. Elle est capable de nous mobiliser si elle est proclamée et proposée joyeusement et librement sur tous les toits, dans les foyers, et jusqu'aux carrefours du monde. Les hommes, nos frères, ne sont pas des grenouilles, objets de cuisson, de consommation, d'exploitation ; chacun a le droit d'être respecté dans sa dignité fondamentale. « Ces êtres humains : Je les aime, dit Dieu, au point de me livrer pour eux ».
Conscients et convaincus du type de société que nous voulons construire, pour que tout homme ait la Vie, et qu'il l'ait en abondance, bâtissons les communautés nouvelles au service du « développement humain intégral dans la vérité de l'amour ».

L'INCARNATION : «NON PLUS ESCLAVES, MAIS FILS»

CHINEZ ET VOUS TROUVEREZ

Au marché des saveurs, comme il est bon de retrouver pour certains, ou bien de découvrir pour d'autres, le vrai goût des aliments. Un miel aux fleurs des vergers, un fromage local où l'on respire les herbes fraîches broutées par l'animal, un vin fin qui sécrète la rocaille des coteaux fleuris, géniteurs de la vigne.
L'homme moderne, ballotté par vents et marées d'une société de production, de consommation où la concurrence effrénée pousse à l'extrême, recherche volontiers un équilibre lors de ses temps libres en flânant parmi les produits artisanaux. Sur les brocantes publiques, il trouve plaisir à chiner comme l'enfant, qui, afin de faire la fête, vide les vieilles malles du grenier en quête d'objets insolites et plonge dans le passé pour se revêtir des vêtements démodés de celles et de ceux qui l'ont précédés.
Dernièrement, un jeune détenu, à qui je rendais visite dans sa cellule, me raconta avec chaleur et nostalgie des bribes de souvenirs de sa « communion solennelle » vécue il y a une dizaine d'années. Il aurait bien voulu que je lui donne un chapelet comme sa grand-mère lui en avait fait cadeau ce fameux jour, le seul d'ailleurs, où, affublé d'une aube blanche, les orteils écrasés dans des souliers neufs, il avait ânonné quelques formules de prière ainsi que des bribes de chansons dont il se souvenait vaguement.

« Vous n'auriez pas un exemplaire de ce texte où l'on parlait de ' père', me demanda-t-il, car le mien ne veut plus me voir; où l'on parlait aussi de 'pain', que nous jetons si facilement par la fenêtre du haut de la tour, et de ' pardon', parce que la nuit je ne dors pas bien en pensant aux victimes que j'ai agressées violemment pour les voler ».
Et nous avons essayé de réciter ensemble, devant le regard étonné de son compagnon de cellule, son duo, qui, lui, invoquait Allah cinq fois par jour ostensiblement et sans scrupule, la prière des chrétiens : « Notre Père qui es aux cieux… ». « Je pense… » me dit-il «… que lorsque j'aurai en mains les boules, du chapelet, il va de soi, je pourrai recommencer une nouvelle vie, puisqu'elles me feront penser à la Vierge Marie ; et je pourrai alors aussi en parler à ma grand-mère quand elle viendra me voir ; elle sera contente de moi ».
Comment voulez-vous résister devant une telle foi ? C'est pourquoi j'ai craqué et lui ai procuré un chapelet qu'il s'est empressé de s'enrouler autour du cou. Je lui recommandai d'être discret, de réapprendre sa leçon et de réciter sa prière dans le secret de sa cellule et de son cœur.

Mais le goût des saveurs d'un Dieu qui se fait proche jusque dans la plus grande intimité d'une cellule de prison ne reste pas longtemps secret. Cela se sent à mille lieux et se communique rapidement comme une contagion irrésistible. C'est ainsi que par les discussions au préau la nouvelle s'est répandue et d'autres m'ont invité à passer : « venez me voir… ». L'un pour avoir ce fameux chapelet, une petite croix, l'autre une bible, un autre encore pour avoir un Coran, sinon un tapis de prière, ou bien simplement pour ouvrir une porte de la demeure et du cœur, mais surtout pour parler et savourer que l'on existe encore pour quelqu'un dans ce monde.

Sur le marché des saveurs du « Royaume de Dieu » beaucoup de produits ne se trouvent que sur les brocantes ; celui qui chine trouvera bien ce qui lui convient.

VISITE EN HAUT LIEU

Placé depuis plusieurs jours dans une « cellule d'isolement ou de réflexion », autrefois dénommée « cachot », Pascal me fait appeler. Il a en effet une terrible envie de parler à quelqu'un et de fumer une cigarette.
Après que j'eus ouvert les grilles et la lourde porte en fer, selon les strictes recommandations du surveillant de niveau, Pascal me manifesta sa joie de me voir et, sans doute, de me revoir.
« Lors de votre dernière visite », me dit-il, « je vous avais demandé une Bible, vu que l'endroit où je me trouve ne me permet pas d'avoir d'autres objets. Pour faire passer le temps, je me suis empressé d'en lire quelques pages. Je suis tombé sur un passage qui m'a beaucoup interpellé et, à propos duquel, j'ai une question à vous poser :

> *« J'ai eu faim et vous m'avez donné à manger, j'ai eu soif et vous m'avez donné à boire, j'étais un étranger et vous m'avez accueilli, nu et vous m'avez vêtu, malade et vous m'avez visité, prisonnier et vous êtes venu me voir »* (Evangile de Matthieu 25,35-36).

Pascal me pose la question : « pourquoi Jésus s'identifie-t-il à nous alors que moi je ne m'identifie pas à Lui ? ». « S'identifierait-il à tous ceux et celles qui sont en manque de l'indispensable nécessaire qui leur revient, alors que le monde créé appartient à tous ? ».
Et ma réponse jaillit subitement : « Eh bien Pascal, parce que depuis le premier Noël où Il s'est incarné, Il séjourne au cœur du premier venu ».
Lui, qu'on appelle le 'Trois fois Saint', Il a choisi d'être sans domicile fixe. Il ne peut donc être rencontré que par ceux et celles qui acceptent à sa suite d'être 'nomades'.
Pascal n'est pas tombé à la renverse, car il était assis sur la pierre recouverte d'un fin matelas de mousse souillé qui lui servait de lit.

Jean-Paul II, dans son encyclique *'Rédempteur de l'Homme'* 1979, disait déjà la même chose avec d'autres mots : « Ainsi, par son Incarnation, le Fils de Dieu s'est en quelque sorte uni lui-même à tout homme sans exception, même si ce dernier n'en est pas conscient. Le Christ, mort et ressuscité pour tous, offre à l'homme - à tout homme et à tous les hommes - lumière et forces pour lui permettre de répondre à sa très haute vocation ».
Il s'identifie à nous, dit le Fr. Grégoire (cistercien slovène, 1899-1979) parce qu'Il nous veut grand, debout, avec des désirs très larges et des audaces folles ! A ceux qui le rencontrent et lui expriment leurs besoins, ne demande-t-Il pas : *« Que veux-tu que je fasse pour toi? »* (Evangile de Marc 10,51).

AU BOUT DU FIL

Faire un « yo-yo » en prison est strictement interdit, c'est sans doute pour cela qu'il se pratique régulièrement. Mais, me direz-vous, de quoi s'agit-il ?
L'acte consiste à lier un objet au bout d'une longue ficelle et de le laisser descendre lentement par la fenêtre à barreaux d'un niveau supérieur vers les niveaux inférieurs. Il faut bien sûr éviter de se faire voir et surprendre par les gardiens dont tout l'art est d'arriver par derrière sur la pointe des pieds, de soulever l'œilleton de la porte de la cellule au bon moment. Il faut aussi pouvoir se procurer un fil suffisamment long et solide ou bien le fabriquer soi-même à partir de fils du drap de lit ou de la couverture, le tisser soigneusement avec patience et imagination, le dissimuler hors de la vue du surveillant qui régulièrement visite la cellule dans ses moindres recoins. Cet exercice fait partie des saveurs de la créativité.

Aller à la pêche de cette manière rapporte souvent des choses bizarres. Les objets lestés par ces filins au bout desquels pend un sachet réceptif sont multiples. Cela va du morceau de sucre, du bout de chocolat, précieux à celui qui souffre d'un manque, à la cigarette, au petit joint, au médicament ... j'en passe et des meilleurs.
Sam, dix-huit ans depuis deux mois, est tombé malencontreusement en prison il y a huit jours à peine et a déjà eu le temps de s'initier au petit jeu du yo-yo. Lors d'une visite en cellule à son duo qui m'appelait, nous faisons connaissance et tous deux m'abreuvent abondamment du récit de leurs aventures.
Amed, fils d'Allah, a, me dit-il, intercepté au bout du filin, un petit livre destiné à je ne sais qui et intitulé « La Sainte Bible ». N'ayant rien à faire, privé de tout et rongé par l'ennui, Sam s'est mis à dévorer les livres de la Genèse, de l'Exode et, curieusement, a tout de suite fait du personnage de Moïse son meilleur ami et même son idole.

Il me questionna et me demanda si je connaissais ce personnage, et si j'en avais déjà entendu parler ? Il me raconta de façon imagée, avec plusieurs détails, l'histoire fascinante de cet homme biblique, de sa naissance à sa mort, en partant de Moïse enfant, sauvé des eaux par la femme de celui qui avait ordonné le massacre des petits garçons de son âge. Ensuite Moïse, jeune militant, qui tua un égyptien en train de brutaliser ses compatriotes hébreux sur chantier, et le cacha dans le sable en croyant ne pas avoir été vu. Et puis Moïse qui épousa une femme africaine, ce qui lui valut des critiques racistes de la part de sa sœur Myriam et de son frère Aaron. Moïse qui négocia la libération de son peuple avec le pharaon et les plus hautes autorités du pays et qui eut gain de cause. Moïse qui conduisit les Hébreux parfois récalcitrants à travers la mer et le désert vers la terre promise. Moïse, le colérique, qui brisa les tables de la loi, reçues au Mont Sinaï, sur la tête de ceux qui avaient fabriqué le veau d'or et l'adoraient. Moïse qui, pour ne pas se faire « lyncher » par les siens, fit jaillir l'eau d'un rocher à coups de bâton et réussit à faire tomber la manne chaque matin au désert pour nourrir le peuple. Moïse et ses rendez-vous personnels avec Dieu dont il était familier, et qui lui avait confié, en vue de les remettre au peuple, les tables de la Loi contenant les dix Commandements (Exode 20). Tout cela fascinait Sam qui

n'arrêtait pas de raconter et de faire revivre ces scènes bibliques qu'il était en train de découvrir. J'en étais moi-même bouleversé et émerveillé à la fois, et pourquoi pas transfiguré.
C'est sans doute ce qui est un jour arrivé au trio d'apôtres Pierre, Jacques et Jean. Ils furent invités par Jésus, nouveau Moïse, à prendre distance de leurs activités quotidiennes et à s'élever quelque peu à l'écart sur une haute montagne où Il leur était apparu resplendissant dans son identité.
Je me suis laissé prendre au jeu de l'éblouissement dans la cellule de Sam et d'Amed et me suis écrié : « il est heureux que nous soyons ici », sans cependant vouloir y dresser ma tente.

Bien sûr, cela n'arrive pas tous les jours, car il est temps de me réveiller, revenir à la réalité, quitter les lieux, appeler l'ascenseur, descendre de la montagne et aller voir ailleurs où d'autres m'attendent. Sans oublier de bien refermer les portes et les grilles derrière moi.
Puisque le Fils de l'homme est ressuscité des morts, que le tombeau est vide, cette vision peut dorénavant être proclamée à la face du monde. « Relevez-vous et n'ayez pas peur » disait-il. D'accord, et merci à Sam qui me cria : « Vous reviendrez, j'espère ».

LA PASSION : SOUFFRANCE – PIEGES DE LA MORT

«CHAUSSETTER» POUR COMMUNIQUER

A la prison de Lantin, en Belgique, entre la maison d'arrêt, une tour de huit étages, et le quartier des femmes, l'espace est distant d'une cinquantaine de mètres. C'est là qu'il est possible de «chaussetter » entre hommes et femmes à tout instant du jour ou de la nuit en vue de s'envoyer des messages.
Mais de quoi s'agit-il ?
On revêt une main d'un linge blanc, une sorte de gant blanc, très visible de jour, ou une lampe de poche la nuit, et à travers les barreaux de la fenêtre, on trace, par des grands gestes du bras, le dessein des lettres de l'alphabet à l'envers. Celui ou celle qui, à distance, intercepte ces signes et peut les interpréter, en mettant les lettres ensemble, pourra voir et comprendre le message qui lui est adressé. Imaginez un instant le temps et la gymnastique qui sont nécessaires pour dire à celui ou celle d'en face qu'on l'aime. Difficile d'ailleurs d'y mettre beaucoup de sentiments.

Tous les moyens modernes de communication sont strictement interdits aux détenus de toutes les prisons du Royaume. L'isolement atroce et la solitude pesante de ces lieux font naître chez leurs habitants une imagination fertile ; celle-ci conjuguée à l'immense besoin de se parler, les ont incités à inventer des méthodes qui leur sont particulières pour communiquer entre eux. Elles consistent à pratiquer le yo-yo entre les étages (voir ce que l'on en dit plus haut) ou bien le « chaussetage » pour les plus longues distances. Plus simplement, crier à haute voix de toutes ses forces, de même que frapper avec une cuillère sur les tuyaux conducteurs de chauffage font aussi partie du programme.
Solitude, isolement et inactivité sont sans nul doute sources de grandes souffrances infligées à une personne humaine, qui, par essence, est un être social. La communication est un besoin essentiel et naturel de tout homme, de toute créature. Depuis sa naissance jusqu'à sa mort, l'homme aspire à entrer en relation avec d'autres par la présence, le contact, la parole, et les actes ordinaires ou non de la vie. Choisir de vivre à la manière d'un ermite est une vocation exceptionnelle qui n'est guère prisée dans nos sociétés; y être forcé, contre sa volonté, est une rude épreuve, un vrai supplice.

Ils sont nombreux les détenus qui appellent tantôt les aumôniers de prison, qu'ils soient prêtres, pasteurs, imams, rabbins ou conseillés laïcs. Les détenus les reçoivent en cellule après leur avoir envoyé des fiches-messages de détresse, afin qu'ils viennent les écouter, communiquer, nouer des relations longues ou brèves qui les feront pendant quelques instants redevenir quelqu'un pour quelqu'un.
L'histoire nous apprend que depuis des millénaires, l'homme communique ou essaie de se faire comprendre par ses pareils. La grotte de Lascaux, en Dordogne, n'est qu'une étape, un aspect, dans cette longue épopée, traversée dans le temps et l'espace par des messagers, de l'Antiquité jusqu'aux facteurs des postes des temps modernes.
On utilise non seulement l'homme comme agent de la communication, mais aussi, s'il le faut, les animaux ; le cheval et le pigeon voyageur notamment l'ont été jusqu'à

notre époque. Sont arrivés ensuite, grâce aux découvertes des sciences, la télégraphie, la téléphonie, bousculées elles-mêmes, par toutes les possibilités de l'informatique, et nous ne sommes pas au bout de cette aventure.
La communication, sa pratique, sa signification, entrent d'une façon ou de l'autre dans toutes les disciplines classiques du savoir humain, que ce soit la philosophie, l'histoire, le droit, la médecine, les sciences, et dans les disciplines nouvelles issues des savoirs antérieurs. Je ne peux m'empêcher de penser, comme aumônier de prison, que si l'étude a déjà été faite par les spécialistes des domaines scientifiques que je viens d'évoquer, dans certaines situations et sur certains aspects de la communication dans l'espace carcéral, à ma connaissance, rien n'a été entrepris sur la communication dans l'établissement où je circule.

Et pourtant... Qui communique à Lantin ? Quels sont le contenu et la finalité de la communication qui s'ébauche, ou tente de s'établir, entre les détenus et les différentes personnes et services exerçant une fonction à l'intérieur comme à l'extérieur de la prison ? Comme aumônier je ne manquerai pas de m'interroger sur la manière dont les détenus pourront aussi «chaussetter» avec Dieu lui-même dans leur aspiration à la liberté.
En effet, pour communiquer entre le ciel et la terre et tirer l'humanité de son isolement dans lequel elle s'est plongée, Dieu lui-même n'a pas hésité d'envoyer tout au long de l'histoire, des messagers, des prophètes, des justes, des saints, des veilleurs, des éveilleurs du peuple, tous porteurs en réalité de sa Parole.
« *Le peuple qui marchait dans les ténèbres a vu se lever une grande lumière ; sur ceux qui habitaient le pays de l'ombre et de la mort une lumière a resplendi* » (Isaïe 9,1).

Dans la personne de Jésus « *la grâce s'est manifestée pour le salut de tous les hommes. Elle nous apprend à rejeter le péché et les passions d'ici-bas, pour vivre dans le monde présent en hommes raisonnables, justes et religieux, et pour attendre le bonheur que nous espérons.* (Epître de St Paul à Tite 2,11-13).

LES VENTS CONTRAIRES

« Pour moi, dit Jak, tout était apparemment en place pour faire un parcours - sans - fautes, mais c'est alors que j'ai pété les plombs ».
Belle expression qui fait référence à un métal lourd - le plomb - utilisé autrefois comme coupe-circuit au moment d'une surcharge de courant électrique. Il fondait brusquement à plus ou moins 327°. Raison pour laquelle si quelqu'un avait du 'plomb dans l'aile', il était atteint dans sa santé, sa fortune, sa famille, son travail, son moral, sa réputation, ce qui donna naissance à cette expression particulière.
Pour Jak, la pression était devenue trop forte. Voici en quelques mots son histoire qu'il a voulu me partager en présence d'autres détenus.

Quand mes parents sont morts, j'ai vécu tout jeune dans la rue, en bande avec d'autres dès l'âge de cinq ans. Nous vivions de peu de chose et apprenions à voler pour manger. Un jour, je fus recueilli par une association et envoyé dans une maison d'accueil. Avec d'autres nous fûmes encadrés et l'on prit soin de nous. Vers l'âge de dix ans une famille belge, qui ne savait pas avoir d'enfant, a décidé de m'adopter. Une fois chez eux, je suis vite devenu un rebelle, ne sachant pas m'adapter à ce qu'ils voulaient m'imposer. J'appris d'ailleurs, par indiscrétion, que pour m'adopter, on avait falsifié les documents qui me concernaient en me rajeunissant très fort, afin de faire monter les prix. On m'avait, paraît-il, acheté à l'association en échange d'une forte somme, comme une vulgaire marchandise. De plus, ils m'ont alors vite fait comprendre que je n'étais pas l'enfant dont ils avaient rêvé et m'ont fait subir toutes sortes de sévices. Ces situations m'ont profondément révolté, ce qui m'a fait 'péter les plombs' et m'a lancé dans la délinquance. Depuis plusieurs années, je vais de la rue à la taule et de prison en prison, en prenant tout doucement de l'âge. Il y a des jours où je voudrais vraiment m'en sortir et prendre une tout autre direction, mais souvent je n'y crois plus, car je ne compte plus pour personne. Plus de famille, ils m'ont tous abandonné et ne veulent plus me voir, pas de domicile à l'extérieur, pas de revenu, pas d'amis. La seule proposition qui m'est faite est d'intégrer un centre d'accueil, qui pour moi, n'est qu'une nouvelle prison infréquentable m'imposant de nouvelles contraintes et de nouveaux règlements. Que faire alors pour sortir de ce cercle infernal ? Comment concilier tout cela avec le beau chant que tu nous as fait chanter à la chapelle de la prison lors de l'eucharistie de la fête de Pâques : « Tout homme est une histoire sacrée, l'homme est à l'image de Dieu » ?

C'est sans doute la raison pour laquelle Jak m'explique que ce qu'il a vécu et vit encore maintenant est une expérience dont il peut tirer du positif, afin d'aider d'autres à traverser les tempêtes de l'existence.
« Chapeau ! » dit-il « aux gens qui s'occupent de gars comme nous…et nous sommes si nombreux. Pour atteindre l'autre rive du lac alors que les eaux sont ballottées par les vents si souvent contraires, il nous faut ramer durement. L'autre rive, on voudrait cependant l'atteindre, car elle peut être pour nous une autre manière de vivre. Nous naviguons pourtant sur les eaux agitées, battues par les vagues, à bonne distance d'une terre ferme vers laquelle nous aspirons, et la peur nous fait

pousser des cris de désespoir ».

Il faut vraiment être confiants et audacieux, être forts, être Dieu, pour oser marcher avec foi et assurance sur ces eaux en furie et rejoindre les gens dans leurs situations de détresse.

Par le gosse battu, par l'ivrogne qui rentre,
Par l'âne qui reçoit des coups de pied au ventre,
Et par l'oiseau blessé qui ne sait pas comment
Son aile tout à coup s'ensanglante et descend,
Par l'innocent châtié, par la vierge vendue qu'on a déshabillée…
Je vous salue Marie. (Prière de Georges Brassens)

Seigneur, sauve-moi ! cria Pierre qui eut peur et s'enfonça, voyant qu'il y avait du vent. Dans un moment d'euphorie il avait demandé à celui qu'il avait pris pour un fantôme : « Seigneur, si c'est bien toi, ordonne-moi de venir vers toi sur les eaux ». Aussitôt Jésus étendit la main, le saisit et lui dit : « homme de peu de foi, pourquoi as-tu douté ? ».

NID DE GUÊPES ET BUISSON D'ÉPINES

Une personne vivant depuis plusieurs années en milieu carcéral me faisait remarquer combien le monde de la prison pouvait être comparé à un nid de guêpes. Y entrer, c'était s'exposer à se faire piquer un jour ou l'autre par des dards venimeux qui non seulement vous entrent dans la peau et la chair, mais aussi dans le cœur.
Les grilles que l'on ouvre, que l'on ferme dans un bruit infernal. Les cris qui résonnent dans les cellules, les couloirs, les préaux, les corridors. Les injonctions, les imprécations, les ordres, les remarques, les rappels, tantôt exprimés avec humanité, mais plus souvent de façon inhumaine, sinon bestiale, sont autant de piqûres qui révèlent la dureté de ce milieu inhospitalier. Les responsables de ces sévices, face aux réactions de désapprobations, feront souvent remarquer qu'on n'est pas ici dans un club Med, ni dans un hôtel cinq étoiles, mais dans un lieu de détention.

« Si j'avais su, je n'y serais jamais venu » diront certains. « Une fois, mais pas deux » « Bien vite dehors » « En tout cas on ne m'y reverra plus » « On dirait que certains y trouvent du plaisir, puisqu'ils y reviennent régulièrement…la vie serait- elle si dure à l'extérieur ? ». Cela du côté des détenus, tant prévenus que condamnés.
Et les membres du personnel, qui tout au long des mois et des années y déroulent leur plan de carrière, y gagnent leur croûte dans des conditions de vie et d'existence pas toujours des plus épanouissantes, ont aussi leur cahier de revendications. Les piqûres dans le guêpier, c'est pour tout le monde.
Ces situations me font penser au buisson d'épines qui brûlait sur la montagne sans se consumer. C'est dans le livre de l'Exode au chapitre 3, que l'on trouve l'histoire de Moïse, berger, qui paissait les moutons de son beau- père Jéthro. Les menant par-delà le désert, il parvint à la montagne appelée l'Horeb, autre nom du Mont Sinaï. C'est là qu'il aperçut un buisson en feu, mais qui ne se consumait pas ».

L'image de ce buisson d'épines en feu, avec le mystère dont il est porteur, fut au long des siècles l'objet de beaucoup de questions existentielles et d'interprétations multiples. Nombreux sont les hommes qui, comme Moïse, se sont dit : « Je vais faire un détour et m'avancer pour considérer cet étrange spectacle ». En s'approchant, Moïse sera même invité à enlever ses chaussures, car ce lieu est saint. S'avancer, c'est prendre des risques de se brûler, d'être piqué. Et la surprise fut grande pour le personnage, le curieux, de s'entendre, du cœur de ce brûlot, interpellé par Dieu lui-même. Celui-ci lui révéla son identité de « Dieu de ses Pères », capable de voir et d'entendre les misères de son peuple, de prêter l'oreille à ses clameurs, de percevoir ses angoisses, d'être résolu à le libérer et le conduire vers une contrée vaste et plantureuse où lait et miel ruissellent. Et cette révélation est accompagnée d'un appel : « Va, je t'envoie auprès des politiques qui détiennent le pouvoir pour négocier la sortie du peuple de ses situations d'esclaves ».

La mission n'est pas simple, aussi bien du temps de Moïse qu'aujourd'hui. Notre planète en effet, grâce aux progrès techniques et aux nouveaux moyens de communication, est devenue un grand village où les humains sont appelés à vivre ensemble au milieu des buissons brûlants et ardents des égoïsmes individuels et collectifs, des combats pour la vie contre toutes formes de mort, des incompréhensions et de toutes sortes de tensions.

Chaque jour nous prenons conscience de l'importance de la souffrance dans le monde. Elle est causée par tant d'injustices et d'inégalités qui provoquent misères matérielles et spirituelles. Celles-ci revêtent de multiples formes, et cela en dépit des grands progrès des sciences et des techniques. Le processus, à la fois provocateur et en même temps encourageant, de la mondialisation élargit nos horizons à l'univers tout entier.

« Les joies et les espoirs, les tristesses et les angoisses des hommes de ce temps, des pauvres surtout, sont aussi les joies et les espoirs, les tristesses et les angoisses des disciples du Christ. Il n'y a rien de profondément humain qui ne doive trouver écho dans leur cœur ». (Gaudium et spes. 1965)

Grâce à la révélation du buisson ardent, aux prises de conscience, à la croissance des solidarités, les « nids de guêpes » peuvent devenir des « ruches d'abeilles » productrices de miel aux multiples saveurs agréables et nourrissantes.

TARAUDÉ PAR L'ANGOISSE

« C'est la boisson qui m'a amené ici » me dit-il. J'ai 25 ans et je passe par des angoisses terribles qui n'arrêtent pas de me ronger. Alors quand je bois quelques verres, cela va mieux, je me sens plus hardi et plus fort pour voler et violer. C'est un cercle vicieux dont je ne sais plus sortir. Me voilà en prison... ça devait m'arriver».
Avec son duo qui a 20 ans, et qui est devenu son compagnon de cellule, ils n'arrêtent pas depuis plusieurs années d'emprunter, avec des méthodes violentes, les voitures des autres. Assis à nous trois pendant un long temps dans leur étroite demeure, nous avons fait le tour de la question sur les raisons personnelles et sociétales de ces situations angoissantes. Les manques d'attention et d'affection dès la prime jeunesse, les besoins d'être reconnu et pris au sérieux, les désirs de pavaner devant les copains et de briller aux yeux de la gente féminine, le plaisir de courir des risques et de mordre dans la vie à pleines dents, le sentiment de prendre leur revanche sur une vie qui ne les a pas gâtés...

« Les flots de la mort m'étreignaient, les torrents infernaux me happaient» dit le psalmiste (Psaume 17, 5).
Etre immergé dans les flots de la mort et les torrents infernaux de la boisson, de la drogue, du sexe-objet isolé de la personne, de l'argent facilement acquis par le vol et la violence, voilà les réalités dans lesquelles sont plongés tant d'hommes et de femmes qui vivent souvent des situations pénibles de marginalité, tout en aspirant avec force à « vivre autrement ».

Que de forces perdues, mal orientées et mal utilisées. La réponse jaillit alors : « Nous avons mal choisi nos amis. Nous avons été mal orientés, mal conseillés et nous nous sommes laissés entraîner sans réfléchir ».
Le psalmiste d'autrefois, happé par les flots de la mort et les torrents infernaux a vécu les mêmes contraintes tout en faisant d'autres choix dans ses recherches de solution.
« Dans mon angoisse, j'appelai le Seigneur » (Psaume 17, 7)
Sans doute a-t-il trouvé sur sa route des personnes ou des structures qui l'ont écouté avec attention et lui ont proposé des chemins de libération, le reliant à quelqu'un dont la mission et les capacités sont de l'aider à sortir de ses problèmes ?
« Une planche de salut » « une bouée de sauvetage » « un rocher » auquel s'accrocher, capable de freiner la course infernale et d'apporter la stabilité nécessaire à une guérison et une restructuration:

« Lui qui me retire du gouffre des eaux, il me délivre d'un rival puissant, d'ennemis plus forts que moi. Yahvé fut pour moi un appui, il m'a libéré, car il m'aime »
(Psaume 17, 17-20).

L'angoisse, qui ronge le cœur de nos amis détenus, les plonge dans la détresse et la privation de liberté. La prison, ce sont les murs en béton, les grilles et les lourdes portes en fer, mais ce sont aussi les murs et les verrous dans les têtes et dans les cœurs. Ce sont les barrières de haine et de recherche de faux bonheurs qui étouffent la chaleur de l'amour.

Déjà au temps de Moïse, qui s'attardait sur la montagne, le peuple se prostituait avec des faux dieux, des idoles fabriquées de ses mains : « Otez les anneaux d'or qui pendent aux oreilles de vos femmes, de vos fils et de vos filles, et apportez- les moi. Ils les apportèrent à Aaron qui les fit fondre et en coula une statue devant laquelle ils se prosternèrent » (Exode 32,2-4).
Les solutions hâtives et bâtardes pour sortir des angoisses et des besoins de sécurité qui taraudent l'humanité ne conduisent qu'à des impasses, car les idoles que nous fabriquons n'ont ni sentiments, ni amour et n'ont jamais libéré personne.
« *Va maintenant et conduis le peuple là où je t'ai dit* » (Ex.32, 34).

Se remettre en route, la bonne route, qui conduit au vrai bonheur et libère vraiment des esclavages, telle est la mission que Dieu confie à celles et ceux qu'Il envoie. Et Il les assure de sa présence : *«Et moi, je suis avec vous tous les jours jusqu'à la fin du monde»* (Evangile de Marc 28,20b).
Avec la porte entre-ouverte, en cellule à trois, nous avons réfléchi à tout cela. Une sorte d'espérance a jailli dans les regards et même esquissé un paisible sourire de contentement, rayon de soleil au milieu des obscurités. Pourquoi n'y verrions-nous pas déjà une lueur annonciatrice de résurrection, afin que les flots et les torrents destructeurs ne nous emportent plus, mais que d'autres flots nous entraînent vers la Vie, vers l'Amour vrai.

« J'étais pris dans les filets de la mort, retenu dans les liens de l'abîme, j'éprouvais la tristesse et l'angoisse ; le Seigneur défend les petits : j'étais faible, il m'a sauvé » (Psaume 114, 3 et 6).

LA VIE ETERNELLE: SOURCE D'EAU VIVE

LES MARÉES DU CŒUR !

« Je crois que chacun est responsable de sa vie. A un moment, j'étais victime, et je commençais à me sentir comme victime, blâmant tous les autres pour mes problèmes. Mais j'ai réalisé que je devais prendre la responsabilité de mes propres actions, et que c'était la seule façon de ne plus me sentir victime…Chaque jour, je trouve quelque chose pour laquelle remercier la Providence » (Parole d'un détenu).

Que ce soit à l'intérieur ou à l'extérieur des prisons, il arrive à chacun ou à chacune d'entre nous, tout au long de nos existences, d'avoir des moments de fatigue, de découragement, de maladie, de tempête, de conflit, de perte de sens. Nous nous sentons dans des situations d'atroces enfermements et cherchons désespérément par où et comment en sortir. Nos cœurs sont alors à marée basse, et on ne sait plus à quel saint se vouer. On veut tout laisser tomber et on gémit en regrettant tous les efforts déployés, qui semblent n'apporter aucun résultat positif.

« Je me suis fatigué pour rien, c'est pour le néant, c'est en pure perte que j'ai usé mes forces » disait déjà le prophète Isaïe (49,4).

Et subitement, une visite, un coup de téléphone inattendu, un mot, un appel urgent, qui vient d'on ne sait où, nous bouscule et nous relance. La « marée haute » qu'on n'attendait plus, nous remet les pieds dans le courant des eaux de la vie et nous engage à nouveau dans l'existence quotidienne.

La vie est là, qui nous appelle, car quelqu'un a besoin de nous. Nos capacités sont à nouveau mobilisées. Nous voilà redevenus les acteurs d'un petit ou grand projet, personnel ou collectif, en vue « d'une terre nouvelle et d'un ciel nouveau ».

En avant ! C'est reparti ! Hier j'appelais la mort ! Aujourd'hui, c'est la vie qui est au rendez-vous !

Comme les prophètes des temps passés, qu'ils soient grands ou petits, je prends conscience que : « J'ai du prix, du poids, aux yeux du Seigneur, c'est mon Dieu qui est ma force (Isaïe 49,5).

Bien sûr ! Assommés, anesthésiés, par l'amas de publicités mensongères venant de toute part, et suscitant chez nous des désirs et des faux besoins, nous tombons dans les pièges d'une société de consommation qui nous submerge. Qu'allons- nous manger ? Qu'allons-nous boire ? Avec quoi nous habiller ? (Evangile de Matthieu 6, 24-34).

> C'est alors que la Parole jaillit : *« Regardez les oiseaux du ciel ! Observez les lys des champs ! Ils ne sèment ni ne récoltent dans des greniers ! Ils ne tissent pas ! Et le Père du ciel les nourrit ! Ne valez-vous pas beaucoup plus qu'eux ? Ne vous faites pas tant de soucis ! Le Père sait ce dont vous avez besoin ! A chaque jour suffit sa peine ! »*.

Et saint Paul de s'écrier :

« Quelle profondeur dans la richesse, la sagesse et la science de Dieu ! Ses voix sont insondables, ses chemins sont impénétrables ! Qui a connu la pensée du Seigneur ? Qui peut lui donner des conseils ? Tout est de Lui, et par Lui et pour Lui »
(Epître aux Romains 11,33).
Celui qui traverse l'épreuve et maintient le cap sur « l'espérance basée sur le roc qu'est le Fils de Dieu » devient lumière des nations, pour que le salut parvienne jusqu'aux extrémités de la terre.

Réconforter celui qui n'en peut plus, lui venir en aide, apprendre à servir et non à se servir, c'est tout un programme, une mission urgente, pour les nouvelles communautés d'Eglise qui se revendiquent de Jésus Christ.
Il y a du pain sur la planche !

REVELATION

Dans le couloir de la prison, le surveillant m'indique la cellule où est enfermé le détenu qui m'a fait appeler et qui m'attend. Après m'être annoncé, j'entends comme une voix de tonnerre qui me dit : « viens ». J'introduis ma clé dans la serrure et ouvre la lourde porte en fer qui nous sépare. Heureux de me voir, M... me sourit et me saute au cou : « Ah ! Vous voilà enfin ! Je vous attendais...j'ai pris dix ans... ça va aller ! » dit- il.
« Je suis juif, né en Syrie, parle araméen comme Jésus, mais aussi hébreu, arabe, français, anglais... et je souhaiterais aller prier avec vous quand vous dites la messe. Que dois-je faire comme formalité ? Je voudrais aussi profiter de notre rencontre pour que vous m'aidiez à comprendre un passage de l'Ecriture Sainte qui est pour moi impénétrable ».

Il ouvre alors un exemplaire d'une Bible en langue arabe et se met à lire un extrait qui lui pose question. Quelques repaires me font deviner qu'il s'agit d'un passage de l'Apocalypse de St Jean, chapitre 5 et suivants. Je prends le texte correspondant dans ma Bible en français et lisons ensemble : « Alors j'aperçus dans la main droite de Celui qui siège sur le trône un livre roulé, écrit au recto et au verso, et scellé de sept sceaux. Et je vis un Ange puissant proclamant à pleine voix : « Qui est digne d'ouvrir le livre et d'en briser les sceaux ? Mais nul n'était capable, ni dans le ciel, ni sur la terre, ni sous la terre, d'ouvrir le livre et de le lire ». « Alors de qui et de quoi parle l'auteur ? » me lance-t-il. « De quel livre s'agit-il ? Que représentent ces sceaux ? Eclairez-moi ».

Au moment où je voulus avouer mon étonnement, vu le manque de préparation, jaillit un éclair, une inspiration subite, qui me fit lui proclamer : « Ce livre roulé, scellé, parle de toi, de moi, de nous, de la vie du monde, de l'humanité entière où se joue un combat permanent entre les forces de vie et les forces de mort, entre le bien et le mal, la lumière et les ténèbres, l'amour et la haine, la vérité et le mensonge, l'enfermement et la liberté. Tout cela paraît bien fermé, bouclé, scellé, marqué par sept sceaux.
Quelles sont les clés qui vont pouvoir ouvrir ce livre de nos vies, afin de permettre de les lire, les comprendre, les interpréter, en découvrir le sens, en définir les objectifs, en baliser les routes à suivre? Et qui, en définitive, détient ce fameux trousseau de clés si précieuses ?
A ces questions, la réponse jaillit au verset suivant : *« L'un des vieillards me dit alors : « Ne pleure pas : Il a remporté la victoire, le Lion de la tribu de Juda, le Rejeton de David ; il ouvrira donc le livre aux sept sceaux »* (Apocalypse 5sq).
Et un Agneau, comme égorgé, se tenait debout entre les quatre vivants et les vingt-quatre vieillards qui, eux, chantaient un cantique nouveau : « Tu es digne de prendre le livre et d'en ouvrir les sceaux, car tu fus égorgé et tu rachetas pour Dieu, au prix de ton sang, des hommes de toute race, langue, peuple et nation. Tu as fait d'eux pour notre Dieu une Royauté de prêtres régnant sur la terre ».
La clé capable d'ouvrir et de déployer le livre scellé de nos vies et de celle du monde, c'est la Bonne Nouvelle de l'Evangile de Jésus crucifié et ressuscité.

L'Apocalypse est bien le livre des visions qui révèlent l'avenir pour donner le courage d'affronter le présent. C'est chaque jour qu'en ouvrant le livre de nos vies, nous faisons l'expérience des pleurs, des cris, des angoisses, de la tristesse, de la mort. Il nous plonge dans le récit du fruit défendu de la Genèse, des origines, nous révélant tout ce qui pervertit la bonté, la beauté de la création, ce qui abîme et ruine l'Alliance d'amour proposée par Dieu à tout être humain.

Chaque procès, confrontant victimes et coupables, est ainsi un dur passage qui essaye de faire la clarté sur les faits qui se sont passés et leurs conséquences, sur les motivations, les circonstances, les intentions. C'est un long processus pour faire la lumière, faire jaillir la vérité qui déterminera les responsabilités sans lesquelles une alliance nouvelle ne pourra se faire, ni aucun apaisement être retrouvé. Et s'il est possible, l'objectif à atteindre n'est autre que : *« Je vais créer des cieux nouveaux et une terre nouvelle et on ne se souviendra plus du passé... on n'y entendra plus désormais le bruit des larmes et le son des cris. On n'y fera plus de mal ni de ravages sur toute ma sainte montagne »* (Isaïe 65, 17, 19, 25b).

Mais par quel concours de circonstances, ce détenu qui m'avait appelé et moi-même, nous sommes-nous rencontrés ? Par quel mystère nos routes se sont-elles croisées ?
Son arrestation et son emprisonnement avaient eu lieu suite à un règlement de compte où un homme avait trouvé la mort de manière violente. Le procès a eu lieu, le verdict prononcé et la peine était en train d'être exécutée.
L'heure du préau individuel avait sonné. M... et moi nous sommes promis de nous revoir pour de nouveaux échanges et nouvelles découvertes.
Il n'y a pas seulement des portes à ouvrir, des sceaux à briser, mais des cœurs et des hommes à rencontrer.
Ainsi le Seigneur ne nous l'a-t-il pas ordonné et l'Eglise envoyé : *« Je t'ai établi lumière des nations, pour que tu portes le salut jusqu'aux extrémités de la terre* (Actes des Apôtres 13,47).

PARABOLES

Avez-vous remarqué, accrochées à la façade de certaines maisons, ces espèces de grandes assiettes, ou casseroles, appelées « paraboles ». Bien orientées, grâce aux technologies informatiques, elles peuvent capter les ondes provenant d'un émetteur et les transformer en sons ou en images. Nous recevons alors les messages qui nous sont envoyés, à condition d'être branchés sur le bon canal et d'avoir allumé nos appareils récepteurs !
Ils sont nombreux, et diversement intentionnés, ceux qui veulent nous envoyer des messages de toutes sortes. La concurrence est énorme. Tous nous font croire qu'ils veulent notre bien, et il est très difficile de faire le tri entre vérité et mensonge et de ne pas tomber dans les pièges qu'ils nous tendent.

Le passionnant conteur qu'était le jeune villageois de Nazareth, parcourant les chemins de Galilée il y a vingt siècles, avait déjà inventé les paraboles, ces courts récits faits de symboles, de représentations, de comparaisons, mettant les réalités divines en histoires d'hommes. Son intention était de nous aider à discerner, voir, comprendre le mystère du Règne de Dieu et de son Alliance d'amour avec l'humanité.
Trente années de copinerie et de familiarité avec son voisinage ont façonné son regard et sa méthode pédagogique pour révéler aux foules d'hier et d'aujourd'hui les mystères cachés. Il avait tout simplement la mission de nous apprendre, de la part du Père, qu'Il était venu vivre parmi nous pour nous donner la chance d'avoir accès à son monde à Lui. C'est la « Bonne Nouvelle » de ne faire plus qu'un avec Lui pour notre plus grand bonheur à tous, car « il en est ainsi du Royaume de son Père, dans lequel nous sommes invités à entrer ».

Comme il est génial de sa part d'avoir inventé des paraboles qui parlent encore au monde moderne.
Relisez par exemple cette piquante histoire de la graine de moutarde qui devient un grand arbre, à l'ombre duquel les oiseaux du ciel viennent faire leur nid. Elle nous révèle les secrets cachés dans une petite semence (Evangile de Marc 4,26-34). Déposée dans une terre bien travaillée, elle a rapidement germé, elle se met à grandir, à fleurir, à porter du fruit. Ces fruits nourriront l'humanité entière à condition que les hommes soient capables entre eux de s'aimer et de partager.
A travers les paraboles, ce sera tantôt l'image d'une lampe (Evangile de Marc 4,22) qui, une fois placée au bon endroit, permettra de voir clair, et d'éviter de tomber dans les traquenards que nous tend la société.

Plus loin ce sera un champ dans lequel un voisin, qui ne nous veut pas que du bien, se met, de nuit, à semer de l'ivraie, des mauvaises herbes, parmi les bonnes (Evangile de Matthieu 13, 37). C'est une manière de dire que le Royaume de Dieu, - où il conviendrait de vivre ensemble - ne va pas de soi, mais grandit au milieu d'énormes tensions quotidiennes.
A un autre endroit, on nous parle de trésor caché, de perle fine (Evangile de Matthieu

13,41) que nous sommes appelés à chercher, astucieusement parfois, toute une vie.
Plus loin il s'agira d'une partie de pêche au filet, qui ramène toute sorte de poissons qu'il faudra trier, sans doute d'après la demande du client, de ses goûts, de sa bourse (Evangile de Matthieu 13,47). Et bien d'autres images encore.
En somme, c'est toute notre vie personnelle et sociale qui devient parabole en sons et images, pour nous révéler des réalités qui, non seulement nous dépassent, mais surtout nous font vivre.

Mais attention ! A cause des intempéries, il y a un danger. Les paraboles que nous utilisons - que nous sommes nous-mêmes - se mettent à s'user ou à rouiller. Elles risquent alors souvent de devenir des vieilles casseroles incapables d'émettre ou de recevoir les messages qui nous sont destinés.
Un manuel d'entretien, en vue d'un bon nettoyage et d'une sérieuse mise à jour, est alors nécessaire : il est accessible même sur internet : tapez : « Evangile au quotidien » et mettez- le en pratique.

LA RECONCILIATION: PARDON QUI LIBERE

ACCOMPAGNEMENTS

Les équipes d'aumônerie, les visiteurs de prison, les communautés de chrétiens organisés en paroisses, en couvents, en monastères, accueillent parfois en leur sein, mais soutiennent aussi de l'extérieur, des personnes sortant de prison qui sont en fin de peine, tout en accordant surtout une très grande attention aux victimes. Elles ne sont pas des lieux alternatifs d'exécution des peines.
Elles sont au contraire des stations de réapprentissage de la vie en liberté, des lieux de désintoxication des virus carcéraux ; elles sont des laboratoires de formation et d'apprentissage d'humanité nouvelle aux saveurs d'Evangile, des centrales d'énergies où l'on peut recharger ses batteries à la force motrice d'un Dieu d'amour qui est passé de la mort à la vie par la résurrection. Elles sont des tremplins pour revivre en société et faire communauté ; des lieux privilégiés pour faire de toutes les situations d'enfermement et d'esclavage des vitraux d'éternité, en mettant la libération de l'homme au centre de leurs préoccupations.

Il y a quelques temps, une communauté religieuse accueillit en son sein, sortant d'une prison, une personne arrivée en fin de peine. Cette décision d'ouverture aux exclus de la société, déclencha de vives protestations de la part d'opposants qui manifestèrent leur désapprobation par des actions d'une violence incroyable. C'est un véritable 'tsunami' qui déferla sur le monastère, allant jusqu'à mettre en réel danger les personnes qui y vivaient paisiblement.
D'un autre côté, c'est avec beaucoup de discrétion qu'elles reçurent le soutien d'un grand nombre de personnes de toutes convictions. Celles-ci constituèrent autour d'elles un véritable réseau de solidarité, de forces « altruistes » et « d'énergies aimantes », qui n'eurent rien de virtuel, mais s'enracinèrent dans l'épaisseur de relations construites sur la générosité, le respect, la confiance, et sur « la justice donnant la main à la tendresse ».
« Cette force bienveillante » disaient-elles, « permit de dissoudre miraculeusement l'angoisse générée par la haine et la médisance, la violence verbale, les insultes et les menaces… ». *« Quand souffle la bourrasque, l'épreuve se fait plus lourde, mais vous avez été nombreux à faire écho à notre démarche d'accueil qui se voulait citoyenne, tout en étant en même temps au bon goût et saveur d'Evangile ».*
Je ne peux m'empêcher de voir dans le témoignage que porte cette communauté, en posant ce geste d'accueil envers et contre tout, « une véritable opération à cœur ouvert » en écho à la parole de St Paul aux Romains (8,35a.38-39) : *« Qui nous séparera de l'amour du Christ ? La tribulation, l'angoisse, la persécution, la faim, la nudité, les périls, le glaive ? Oui, j'en ai l'assurance, ni la mort ni la vie, ni anges ni principautés, ni présent ni avenir, ni hauteur ni profondeur, ni aucune autre créature ne pourra nous séparer de l'amour de Dieu manifesté dans le Christ Jésus notre Seigneur ».*
Notre force, disent-elles, nous la puisons également au cœur de Celui qui - nous le croyons - est à la source de toutes les « forces bienveillantes » qui habitent le cœur humain !

Prière d'un détenu (Psaume 142)

A pleine voix, je fais appel au Seigneur, je crie vers Lui.
Je Lui présente ma plainte, je Lui raconte mon malheur.
Quand je suis découragé, Toi, Tu sais où je vais.
Sur la route où je marche, on m'a tendu un piège.
Regarde à ma droite et vois : personne ne me reconnaît.
Je ne sais plus où me réfugier, personne ne s'occupe de moi.
J'ai crié vers Toi, Seigneur, j'ai dit :
« C'est Toi mon abri, mon trésor sur la terre des vivants ! ».
Sois attentif à mon cri, je suis très malheureux.
Délivre-moi de ceux qui me poursuivent, ils sont plus forts que moi.
Fais-moi sortir de prison, alors je Te dirai merci.
Ceux qui obéissent à Dieu se réuniront autour de moi,
Car Tu m'as fait du bien.

MÈRES COURAGES

La maman de M… s'est levée très tôt et, sous une pluie battante, s'est mise en route avant le lever du jour. Chargée comme un mulet, elle a pris les transports en commun qui l'amènent devant la porte de la prison où son fils est incarcéré depuis plusieurs mois.
Dans la file déjà longue, elle se présente aux guichets, afin d'accomplir les formalités pour les 'visites au carreau' du matin, comme elle en a l'habitude. Ce jour-là, en plus des appareils de détection à traverser, des chiens pisteurs reniflent les colis de linge de corps destinés au détenu et y détectent des traces de stupéfiant. La pauvre maman, prise à part par un surveillant préposé à ce genre d'opération, est l'objet d'interrogations et de fouilles approfondies et les quelques 'doses' qu'elle avait dissimulées, réclamées par son fils, lui sont confisquées. La dame est refoulée avec une interdiction de visite à son fils de plusieurs mois.
C'est lors d'une visite précédente que le fils, poussé à bout, avait prié sa pauvre mère de lui apporter quelque « marchandise » pour alléger ses souffrances dues aux « manques insupportables », et il l'avait menacée de ne plus l'accueillir si son désir n'était pas comblé.

Le jour même, M… s'empresse de me faire appeler dans sa cellule et me raconte les événements du matin, le cœur gros et les larmes aux yeux, tout en regrettant vivement son attitude envers celle qui lui manifestait tant d'affection et de soins.
La mère savait combien le risque était grand, mais ceux qui connaissent le cœur des mères, prêtes à soulager les souffrances des fils, les savent capables d'affronter tous les dangers.
« *Alors que les apôtres et disciples avaient fui et s'étaient dispersés, près de la croix de Jésus se tenait sa mère… »* (Evangile de Jean 19,25).
En effet, tout le monde sait que lorsqu'un membre de la famille est incarcéré, la peine est double pour les proches qui transgressent le règlement relatif à la visite des prisonniers. Non seulement l'entourage doit assumer, entendre les réflexions désagréables, et soupçonner les regards ennuyés, essuyer le jugement des autres à l'extérieur ; mais souvent il culpabilise précisément d'être à l'extérieur alors que leur compagnon, leur fils ou leur fille, leur frère ou leur sœur est enfermé. Même si le jugement prononcé ne reconnaît que la culpabilité du condamné, on a parfois le sentiment que les proches purgent eux aussi une lourde peine. D'autant que certains détenus sont souvent exigeants et souhaitent voir leurs proches le plus souvent possible. Les familles elles-mêmes ont un urgent besoin de se préserver, de faire attention à ne pas se laisser dévorer par la prison.

Je suis toujours en admiration devant celles que nous pouvons appeler les « mères-courages ». Elles doivent tenir le coup devant les sollicitations de toutes sortes qui leur sont faites, les démarches pénibles à entreprendre, les rôles ingrats à assumer, les incompréhensions dont elles sont l'objet, et cela sans que leur grande fragilité soit prise en considération et que l'on reconnaisse la gratuité de l'amour dont elles seules entourent le prisonnier à défaut , le plus souvent, d'un encadrement social pourtant bien nécessaire.

« Par la vieille qui, trébuchant sous trop de poids, s'écrie 'mon dieu'...
« Par le cheval tombé sous le charriot qu'il traîne...
« Par les quatre horizons qui crucifient le monde...
« Par l'oiseau rappelant l'oiseau tombé du nid....
« Par le fils dont la mère a été insultées...
Je vous salue Marie.
(Prière de Georges Brassens)

LES CIEUX S'OUVRIRENT

Marc, condamné à une lourde peine, rempli d'angoisse, me pose la question qui le tracasse depuis tout un temps : « croyez-vous que je pourrai un jour aller au Paradis après tout ce que j'ai fait de mal ? ».
Mais d'où lui vient cette volonté d'orienter son désir le plus cher vers « les réalités d'en-haut et non plus vers les biens qui passent, et pour lesquels il a pris d'énormes risques qui l'ont amené en prison ? « J'ai risqué, j'ai perdu, je dois payer, je veux changer » me répond-il.
« Du moment donc que vous êtes ressuscités avec le Christ, recherchez les choses d'en-haut, là où se trouve le Christ, assis à la droite de Dieu. Songez aux choses d'en-haut, non à celles de la terre » (Epître aux Colossiens 3,1-2).
Marc se libère progressivement de ses pratiques de violence, de force, de volonté de puissance qui font mal, écrasent et détruisent. Les cieux vont-ils vraiment s'ouvrir pour lui, comme ils se sont ouverts pour le larron crucifié avec Jésus ? : *« Tu n'as même pas crainte de Dieu, toi qui subis la même peine ! »* dit-il à son comparse. *« Pour nous, c'est justice, nous payons nos actes ; mais lui n'a rien fait de mal ».* Et il disait : *« Jésus, souviens-toi de moi, quand tu viendras dans ton royaume ».* Il lui répondit : *« En vérité, je te le dis, dès aujourd'hui tu seras avec moi dans le Paradis »* (Evangile de Luc, 23-43).

Qu'attendrait-on des cieux qui s'ouvrent ? Un grand spectacle ? Des éclairs fulgurants ? Des coups de tonnerre ? L'expression de la colère de Dieu sur les hommes qui lui en font voir de toutes les couleurs ? (Psaume 28) Eh bien, NON !
Il en sort une Colombe et une Parole : deux signes symboliques, qui expriment l'identité et le programme de Celui qui a pris le risque de descendre dans les eaux du monde sans « garder jalousement le rang qui l'égalait à Dieu », afin de partager la vie des hommes et des femmes de tous les temps et d'en remonter... ressuscité. Tous ceux et celles qui se feront baptiser à sa suite prendront le même chemin.
La colombe, sortie de l'arche de Noé, et qui y revient avec au bec un rameau d'olivier, annonce que les eaux du déluge destructeur sont sur le point de baisser. C'est une Bonne Nouvelle : Dieu, notre libérateur, est à l'œuvre. Suivra bientôt l'arc-en-ciel, signe du mariage d'amour, de la grande Alliance, entre Dieu et l'humanité tout entière.

Dans les eaux du Jourdain, image du monde et de la vie, qui est loin d'être un long fleuve tranquille, Jésus rejoint le peuple et se met dans la file pour y descendre et y être baptisé. Les cieux s'ouvrirent. C'est l'Esprit qui en sort et se pose sur Lui : Il reçoit ainsi sa carte d'identité divine et son programme de libération : « Fils bien-aimé en qui le Père met tout son amour ».
Quand nos barques naviguent au milieu des éléments déchaînés, que la tempête fait rage, que nous nous débattons avec nos rames, que les vents sont contraires, Jésus vient comme une colombe de paix et réalise son programme : *« le vent tomba »* (Marc 6, 45-52).

Pour respecter les traditions de l'époque, il faut présenter l'enfant au Temple : Joseph et Marie sacrifient au rite et offrent en signe de reconnaissance deux petites colombes ; elles expriment leur joie, leur simplicité, leur souci d'humanité et leur pauvreté, mais aussi leur appartenance à un peuple qui, comme on dit, n'a que des petits moyens. Le vieux Siméon se dira heureux d'avoir tenu dans ses mains le Salut, avant de fermer définitivement les yeux.

Aujourd'hui, le ciel reste définitivement ouvert, accessible à tous. La Colombe et la Parole continuent à en sortir. Dans les eaux troubles de la vie quotidienne, elles cherchent après toi, après moi. Elles se posent sur celles et ceux qui l'accueillent librement pour être identifiés au « Fils bien aimé » et réaliser son programme libérateur de joie, de bonheur, de paix, d'amour.
A nous il revient de ne pas abattre la colombe, de ne pas refermer les cieux.

L'HOMME EN PREMIER

« Arrêtez toute activité et faites l'amour »

C'est la phrase choc que j'entendis un matin à mon réveil, en ouvrant en même temps les yeux et la radio. Des milliers d'auditeurs, sous la douche ou dans leur voiture, au petit déjeuner ou au travail, incarcérés ou en liberté, l'ont sans doute entendue comme moi.
Le journaliste nous fit tout de suite comprendre qu'il s'agissait d'une publicité qui avait pour but de donner envie d'aller voir une pièce de théâtre ainsi intitulée.
On peut bien sûr s'interroger sur les effets produits par ce slogan publicitaire auprès d'auditeurs peu soucieux d'éthique,- personnelle ou communautaire -, sinon fragiles dans leurs comportements.
Des éducateurs chevronnés nous diront sans doute que c'est de la provocation, mais seront-ils entendus sans être taxés immédiatement d'appartenir à un siècle révolu?
Cependant, au nom de quelles valeurs supérieures peut-on tout se permettre aujourd'hui sans réfléchir aux conséquences que cela peut avoir sur le voisin ? C'est, me semble-t-il, une question d'éthique collective mise en débat à l'heure actuelle et qui attend une réponse.
S'il fallait proposer une alternative, qui n'aurait sans doute pas le même effet, on pourrait dire : « toutes vos activités, faites- les avec amour ». Une publicité, jugée ringarde par certains, mais qui apporterait à tous les acteurs de la vie quotidienne, comme à toute l'humanité, un nouveau souffle de vie en société pour plus de citoyenneté, sinon de fraternité.

Notre monde moderne, grâce à la mondialisation, est devenu un village global, mais aussi un vaste temple de la consommation, dont l'instrument de mesure est la quantité de biens à posséder à n'importe quel prix : « l'avoir prime sur l'être ». Et, pour cela, tous les moyens sont bons. Même la musique et les chants religieux, qui, hier encore, portaient à la prière et au recueillement - voir les traditionnels airs de Noël, par exemple - bercent maintenant l'ambiance des grandes surfaces et envahissent les oreilles des foules qui remplissent leurs caddies pour célébrer de manière païenne les fêtes chrétiennes. L'important n'est-il pas de s'honorer soi-même en adorant l'argent que l'on détourne de ses objectifs fondamentaux: « *toute l'économie et toute la finance doivent, en tant qu'instruments, être utilisés de manière éthique afin de créer les conditions favorables pour le développement de l'homme et des peuples* » (encyclique 'l'amour dans la vérité' 2009, n°65).

« Qu'avez-vous fait, dit Dieu, de ma maison qui est le monde à habiter ensemble ? D'une maison de prière, vous en avez fait une caverne de brigands » (Evangile de Luc19, 46).

Les grands-prêtres et les notables de la finance, qui gèrent la salle du trésor du temple, sont parvenus à s'allier le peuple tout entier en le suspendant à leurs lèvres pour le faire consommer à leur profit. A l'époque, comme aujourd'hui, ils avaient déjà une conception de l'homme et un projet de société différents et même opposés à celui de 'Dieu qui s'est fait homme', c'est la raison pour laquelle ils cherchaient par tous les moyens à l'éliminer.
« Les notables, les chefs des prêtres et les scribes cherchaient à faire mourir Jésus, mais ils ne trouvaient pas le moyen d'y arriver, en effet le peuple tout entier était suspendu à ses lèvres » (Evangile de Luc 19,48).

Aujourd'hui la 'pensée unique' veut habiller les corps, les coeurs et les esprits d'un même manteau. Elle anesthésie toute volonté de respect de la dignité de l'homme et ses valeurs fondamentales. Pour cela, il faut détacher les foules des lèvres d'un Dieu qui ne veut pas de peuple aliéné, mais des gens debout, libres et responsables.
Il ne s'agit donc pas de se précipiter pour « faire l'amour », mais « tout faire avec amour » en vue du « développement humain intégral dans la vérité de l'amour ».
Nous ferons ainsi vraiment ensemble de notre monde une demeure où chacun aura la place qui lui revient, dans le respect de la dignité de tous, parce que « le peuple tout entier sera à nouveau suspendu à ses lèvres ».

L'AJUSTEUR DE LIBERATION

Lors de visite en cellule, Guy, plein de joie, m'annonce qu'il va être libéré à une série de conditions. Il les énumère, et me demande ce que j'en pense. Trois cellules plus loin, un autre détenu me dit qu'il veut aller à fond de peine, car il a « essayé la conditionnelle » et est revenu en prison, à la case départ, car il n'a pas su tenir le coup en ce qui concerne, entre autre, les « interdictions de certaines fréquentations ».

La mise en liberté sous conditions en Belgique est en vigueur depuis la loi Le Jeune en 1888. Elle consiste à transférer le détenu de l'autorité de l'établissement de détention vers celle d'un organisme de surveillance apte à fournir toute l'information, l'aide et les conseils les plus adéquats. Cette autorité alternative est appelée à exercer un contrôle approprié sur ses activités et sur son comportement, de manière à ce qu'il puisse terminer sa sentence dans la communauté, sans récidiver, sans commettre de nouveaux crimes, le menant ainsi vers la meilleure réinsertion sociale possible.
De statut de « détenu » l'incarcéré devient ainsi un « libéré conditionnel »; c'est une manière de modifier les modalités d'application de la sentence d'emprisonnement pour des condamnés qui manifestent des efforts sérieux de réadaptation sociale.

Cela me fait penser qu'il y a plus de deux milles ans, en Palestine, sur le bord du Jourdain, « les foules se pressaient pour se faire baptiser, en vue de leur conversion, par un certain personnage nommé Jean-le-Baptiste, et on lui posait cette question : « que devons-nous faire ? »
Jean répondait en concrétisant et en personnalisant les conditions en fonction de la situation des personnes. Aux uns il disait : « Celui qui a deux vêtements, qu'il partage avec celui qui n'en a pas ; et celui qui a de quoi manger, qu'il fasse de même ! ». Aux collecteurs d'impôts pour l'occupant romain : « n'exigez rien de plus que ce qui vous est fixé ». Aux soldats : « ne faites ni violence ni tort à personne, ne dénoncez pas faussement et contentez-vous de votre solde » (Evangile de Luc 3,11-14).
C'était une manière de définir les conditions concrètes d'une conversion en vue du Royaume de Dieu et d'annoncer au peuple la Bonne Nouvelle.
Aujourd'hui, face à la diversité et à la multiplicité des groupes humains composant notre société, devant les intérêts souvent opposés et les attitudes conflictuelles, ne sommes-nous pas tous en « liberté conditionnelle », appelés à vivre ensemble pour construire un avenir meilleur pour tous. Il s'agit de répondre à notre vocation, celle « d'accoucher d'un monde qui souffre des douleurs d'enfantement pour avancer vers

sa plénitude ».

Le métier « d'ajusteur » capable d'a-juster les personnes, les groupes humains, les communautés, les nations, en vue du bien commun de chacun et de tous, est de plus en plus à l'ordre du jour.
L'ajusteur est cet ouvrier qualifié que nos écoles techniques et professionnelles ont formé et forment encore pour l'industrie. Les entreprises les ont engagés et elles en ont fait les bâtisseurs de leur succès en même temps que de l'économie de régions entières pendant de longues années. Mettre ensemble « tenons et mortaises » grâce au travail ardu et aux techniques de grande précision est tout un art. Un bon ajustage ne laisse en effet pas de place au « jeu » entre les pièces et l'ajusteur ne tolère nullement que l'on puisse glisser entre elles une feuille de papier à cigarette. Il en va en effet de l'ensemble du montage, de sa stabilité et de sa sécurité ; ces réalisations techniques font d'ailleurs la renommée du travailleur.
Ajuster des humains, pour le plus grand bien de la collectivité et le bonheur de tous, est plus fondamental encore lorsqu'il s'agit de couples, de familles, d'associations, de grands mouvements et d'organisations dont dépendent la vie et l'existence d'un pays sinon du monde.

Il en va de même des religions porteuses de messages vitaux pour l'humanité entière. Elles ont la mission d'ajuster en quelque sorte le Ciel à la terre, Dieu et l'homme, le Divin et l'humain, le spirituel et le temporel, l'invisible et le visible, pour ne pas dire le feu de l'Esprit et l'eau de la vie quotidienne des hommes.
Les fêtes chrétiennes de l'Incarnation, de l'Avent à la Chandeleur, ne cessent de nous éclairer sur l'ajustement, le grand 'Ajustage' d'un Dieu qui se fait homme pour que l'homme participe à sa divinité.

La tâche n'est pas facile pour Celui qui s'incarne, d'ajuster la manière de voir, de penser, d'agir de ses contemporains à la sienne et à celle du Créateur et Père de tous, car rien n'est plus dérangeant que la folie de l'Amour.
Et pourtant : « Cherchez la Justice » ont crié les prophètes. « Heureux ceux qui ont faim et soif de la Justice » répéteront les Evangiles. « Jésus Christ nous a été envoyé pour être notre Justice, faire de nous des Justes, bien ajustés sur la pensée et l'agir du Père » dira St Paul aux Corinthiens.
Si Dieu est le tenon et nous la mortaise, s'il n'y a pas de 'jeu' entre Lui et nous, si nous sommes bien 'ajustés' avec Lui, nous ferons partie du peuple des 'justes'. *« Avec*

Lui nous rendrons libres ceux qui passent toute leur vie dans une situation d'esclaves » (Epître aux Hébreux 2,15).

ALLELUIA: GRAND PASSAGE «IL EST VIVANT»

MODERNITE HEUREUSE

L'Evangile est un patrimoine universel. Il appartient à l'humanité tout entière. Il s'adresse à toutes les nations et interpelle toutes les cultures.

Certains théologiens, experts des questions religieuses, fascinés par la personne de Jésus, passionnés par les aspirations légitimes de l'homme contemporain, fidèles à l'esprit du Concile Vatican II, tirent la sonnette d'alarme : « On a volé l'Evangile aux masses à qui il est destiné…on l'a emprisonné… il faut le libérer ».
L'Avent, la Noël, l'Epiphanie, fêtes religieuses chrétiennes exprimant l'Incarnation de Dieu qui se fait homme dans la personne de Jésus, sont devenues des fêtes emprisonnées par le folklore et une société de consommation à forte intensité.
Les communautés chrétiennes, soucieuses de nouvelle évangélisation et guidées par leur volonté de « retour à l'Evangile », s'efforcent de remettre à jour le message : « Dieu lui-même est amoureux de notre petite planète et de ses habitants. Il vient, plus que jamais, habiter notre modernité ».

Mais ce message, est-il accueilli davantage aujourd'hui qu'hier, lui qui *« est venu chez les siens et les siens ne l'ont pas reçu »* (Evangile de Jean 1,11) ?
N'y aurait- t-il rien de nouveau sous le soleil, quand on voit les manœuvres pour le mettre sur la touche et le renvoyer dans les sacristies ?
Et pourtant Il a son mot à dire. N'a-t-Il pas *« Droit de Cité »* dans le débat public contemporain, tant sur les questions de vie privée, que sur les programmes du « vivre ensemble ! ».

« Je ne suis pas venu pour condamner le monde, mais pour que tous aient la Vie en abondance » (Evangile de Jean 12,47).
Puisque, d'après Isaïe 25,6-10, *« Il prépare pour tous les peuples un festin de viandes grasses et succulentes, accompagné de vins décantés et capiteux »*, quels esprits égarés et récalcitrants refuseraient de se mettre à table ?
Accepter l'invitation et y répondre librement, n'est-ce pas :
- entrer en dialogue avec les différentes cultures contemporaines sensibles au respect de l'identité de chacun ?
- promouvoir l'autonomie de la conscience de chaque être humain appelé à construire le vivre ensemble selon un processus démocratique ?
- faire la fête et rendre grâce pour toutes les sciences qui permettent le développement humain intégral de chacun et de tous dans la vérité de l'amour.

S'il est vraiment « *interdit d'interdire* » comme décrété par les courants de pensée de Mai 68, il est cependant « *urgent d'Inter - dire* » pour approcher « la Vérité » que nul homme ne possède seul, mais que le monde entier recherche en vue d'une cohabitation harmonieuse et du bonheur de tous.

UN MESSAGE VRAIMENT UNIVERSEL

C'est l'hiver ! Subitement la neige se met à tomber ! Un coup de froid fait plonger les thermomètres.
La circulation devient difficile aux heures de pointe. Les mouvements de la vie en commun sont perturbés. Les communes mettent en œuvre des plans de secours en répandant des tonnes de sel pour rétablir la sécurité sur les routes. Les organisations d'aide humanitaire se mobilisent. Les médias et les acteurs de solidarité se font les porte-voix des exclus. La population s'éveille à la générosité envers les sans-abri en récoltant des couvertures, de la nourriture, des aides de toutes sortes. Les politiques, qui sont interpellés, ouvrent des centres d'hébergement pour que les sans-logis puissent y passer la nuit. Quel branlebas de combat !
Ces événements me font penser à l'institution Eglise dont je fais partie, comme tous les baptisés. Depuis tout un temps ses structures traditionnelles sont l'objet d'un terrible coup de froid, qui, non seulement persiste, mais semble s'accentuer en profondeur : les églises-bâtiments se vident, le personnel permanent ne se renouvelle plus. La plaie béante de la pédophilie au sein de l'Eglise fait des vagues. Les défis à relever sont nombreux, le sel du message, qui donne goût et sens à la vie, s'affadirait-il ?

Où sont les cornettes et les bures, qui, hier encore si nombreuses, parcouraient les lieux de soins, d'enseignement, les rues et ruelles de nos villes et villages, à la rencontre et à l'écoute des gens, pour leur service et leur plus grand réconfort en temps de paix ou de guerre? Ces uniformes, démodés sans doute, cachaient un formidable désir d'absolu s'incarnant dans des actions solidaires auprès des populations, à commencer par les plus défavorisées.
Leur engagement quotidien venait d'un appel comparable à un coup de foudre amoureux, suivi par une intense expérience spirituelle, mûrie au sein de communautés et s'exprimant dans des programmes structurés de services de l'humain et du divin. Il ne s'agissait rien moins que de s'entraider à imiter Jésus-Christ de manière fidèle et radicale. Et là où les gens avaient soif de bonheur, d'être présents pour en ouvrir la source au plus grand nombre.

Aujourd'hui, la vie de l'Eglise et ses manifestations extérieures sont en train de changer. Des petites communautés pleines de projets à base d'Evangile naissent çà et là, parfois très discrètement. Il faut leur donner du temps et de l'espace pour germer, se développer, mûrir, fleurir et porter du fruit en attendant la moisson. Et l'on peut déjà se réjouir de tant de belles choses qui sont en route, suscitées et animées par l'Esprit qui nous précède.
« *Nous n'avons pas de couvents ; nous vivons dans les rues et les quartiers populaires, avec et à côté des exclus, des précarisés, dans un monde en crise où tout le monde est frustré. La foi et la vie religieuse ne sont pas mortes, mais bien vivantes...autrement. Notre source d'énergie, c'est le Christ qui nous habite* (Témoignage de jeunes religieux, hommes et femmes, engagés) ».

Ils sont comme des grains de sel, des petits diamants bien taillés. Ils reflètent la chaleur et la lumière du soleil de Dieu, capables de faire fondre les glaces de l'indifférence et de l'injustice et de faire naître des communautés qui sont déjà un nouveau printemps.

C'est toute la démarche d'un long temps de carême. Celle d'un peuple en marche avec son Dieu, afin de se libérer de toute forme d'esclavage et de faire triompher la vie par la Résurrection.
Oui! « *Vous êtes le sel de la terre… vous êtes la lumière du monde* » (Evangile de Matthieu 5,13-14).
Les réserves de sel de qualité sont en train de se reconstituer au bon goût de la Parole de Vie, à partir de témoignages de nombreux laïcs et religieux incarnés comme levain dans la pâte du monde. Le message évangélique rend solidaires des millions de personnes à travers un monde souvent privé d'espérance, d'amour, de parole et d'avenir.
Les fêtes chrétiennes, juives, islamiques, bouddhistes, sans oublier les valeurs de la laïcité, rappellent avec insistance aux uns et aux autres les paroles de la Sagesse et de l'Eternel dans ce domaine. La solidarité peut unir les croyants de toutes confessions à ceux qui ne pratiquent ou ne croient plus, ou le font autrement, mais ont la préoccupation de construire un monde plus juste et plus humain, plus respectueux de la dignité de tout homme et de tous les hommes, ainsi que de la vie et de la survie de la planète pour tous ceux et celles qui viendront après nous.

Ils sont nombreux, croyants ou non, individuellement ou en communautés, celles et ceux qui vivent ces valeurs humaines à plusieurs facettes, luttant à contre-courant de mentalités qui souvent ne les prônent guère.
Comme hier, du temps de St Paul, le projet de Dieu, auquel Il nous associe, reste le même : « *vouloir rassembler les uns et les autres en faisant la paix, et créer en lui un seul Homme nouveau. Réunir les uns comme les autres en un seul Corps et les réconcilier avec Dieu par la croix : en sa personne, il a tué la haine* ». (Epître aux Ephésiens 2,14-16).

UN NID PASCAL

« Ainsi parle le Seigneur Dieu : Je vais ouvrir vos tombeaux et je vous en ferai sortir, ô mon peuple, et je vous ramènerai sur la terre que je vous ai donnée. Vous saurez que je suis le Seigneur, quand j'ouvrirai vos tombeaux et vous en ferai sortir, ô mon peuple ! Je mettrai en vous mon esprit, et vous vivrez ; je vous installerai sur votre terre, et vous saurez que je suis le Seigneur : je l'ai dit et je le ferai »
(Ezékiel 37, 12b-14).

André doit exécuter une très longue peine. Il passe des heures interminables assis à la fenêtre de sa cellule et contemple le paysage de la campagne ou du moins ce qu'il lui est permis d'apercevoir. L'an passé, dit-il, j'ai passé des heures à regarder le va-et-vient d'un couple de pies construisant leur nid, avant d'y pondre leurs œufs, de les couver, de nourrir les petits, qui finalement ont pris leur envol. C'était passionnant. Le nid, maintenant vide, est ballotté par les vents et les tempêtes tout au long des saisons. Il reste cependant accroché, attendant une nouvelle nichée, quand le temps viendra. Je continue à le contempler à travers les barreaux de ma fenêtre.
Ce nid, me dit-il, me fait penser à ma famille, qui est le véhicule de la vie. Certains membres viennent me rendre visite. Ma famille est bien secouée par les événements, les menaces de toutes sortes. Elle n'est guère épargnée par les charges qui pèsent sur elle aujourd'hui. Ce sont les problèmes relationnels, mais aussi l'emploi, les revenus, la sécurité de ses membres, l'avenir de chacun et de tous, et j'en passe. Cependant, c'est en son sein qu'il faut apprendre à naître, à exister, à grandir comme homme, femme, jeune, étranger. Il s'agit de gérer la vie, de son éclosion à son épanouissement total, au cœur des amours comme des conflits de toutes sortes.

Au cours d'une visite proche du temps de Pâques, la réflexion jaillit : « Ce nid bien accroché et ballotté par les intempéries nous fait penser au tombeau vide duquel un jour s'est levé un Mort illustre. Rien n'a pu le retenir. Ni la lourde pierre, qui, bouchant l'entrée, semblait mettre un point final aux espoirs que cet homme jeune avait soulevés. Ni les bandelettes et le linceul qui le retenaient prisonnier. Ni le suaire qui aurait pu l'empêcher de respirer à pleins poumons et à voir plus loin. Ni les gardes que le pouvoir craintif avait postés aux environs.
Dans le mystère de la nuit et des enfermements, la vie a affronté la mort dans un duel prodigieux. Les forces libératrices de vie l'ont emporté et l'Homme a conquis toute sa dignité en étant remis debout. Ceux et celles qui hier avaient fui, ont vu, ont cru et se sont à nouveau réunis dans une solidarité renouvelée. Les verrous, de la peur qui dispersait, ont sauté. Une force, venant d'on ne sait où, les a rassemblés.
Les leçons que nous en avons tirées sont nombreuses. Il faut inventer l'avenir, forger des lendemains nouveaux. Un long chemin reste à parcourir pour parvenir à toujours plus d'humanité.

Celui qui le premier s'est levé du tombeau entraîne ses frères avec Lui. Il invite à déverrouiller les serrures qui, dans la société, enferment et excluent. Il nous emmène avec lui afin de faire éclater les bourgeons pour produire fleurs et fruits. C'est, chaque jour, que les nids, vides d'hier, se remplissent à nouveau pour que triomphe la Pâque de la vie.

RESURRECTION

A la sortie de l'hiver, sur toutes nos routes, l'heure est au « slalom ». Les risques de nos déplacements ont augmenté. Il faut éviter les nids de poule qui mettent à rude épreuve les pneus, les amortisseurs, les pare-brise et surtout les conducteurs et conductrices de nos véhicules.

Il va falloir faire le relevé des dégâts de la voirie, chercher les fonds nécessaires pour réparer les routes en surface ou en profondeur, mobiliser les entreprises, engager les travaux, programmer les chantiers. Il va y avoir du travail !

Notre vie est un long parcours sur tous les chemins du monde. Ceux-ci sont souvent parsemés de nids de poule de toutes sortes, creusés par les frimas qui, chaque jour, gèlent, abîment et paralysent les chemins de la fraternité et de la solidarité, de notre vie en société.

Il nous faut cependant avancer avec foi et détermination vers le « Développement humain intégral dans la vérité de l'amour ».

Il ne suffit pas de combler rapidement les trous creusés par les crises successives de toutes sortes qui se prolongent et font beaucoup de victimes, surtout parmi les plus défavorisés de la société, mais il est indispensable de tracer en profondeur de nouveaux chemins avec audace, courage et imagination.

Il s'agit de remettre l'homme au centre des préoccupations économiques, sociales, culturelles et politiques et œuvrer à mettre tout homme et tous les hommes debout.

Nul ne peut être exclu de sa responsabilité « d'acteur et d'actrice de résurrection ».

La Résurrection est une force irrésistible dont nous avons à éprouver la puissance, comme dit St Paul, dans son épître aux Philippiens (3,10).

Ce programme d'urgence prend tout son sens, à la lumière et dans la foulée du Ressuscité.

Un écrivain camerounais, René Philombe, lance un cri dans ce sens, pour une terre solidaire :

« Ouvre-moi mon frère, j'ai frappé à ta porte, j'ai frappé à ton cœur.
Pour avoir un lit, une place au coin de ton feu, de ta table.
Pourquoi me repousser ? Pourquoi me demander
Si je suis d'Afrique, d'Amérique, d'Europe ou d'Asie ?
Ouvre-moi, mon frère.
Pourquoi me demander la longueur de mon nez,
L'épaisseur de ma bouche ou la couleur de ma peau
Et le nom de mes dieux ?

Je ne suis pas un Noir, je ne suis pas un Rouge
Je ne suis pas un Jaune, je ne suis pas un Blanc
Mais je ne suis qu'un Homme.
Ouvre-moi ta porte, ouvre-moi ton cœur
Car je suis un Homme, de tous les temps.
L'homme de tous les cieux, l'homme qui te ressemble.
Fait à l'image de Dieu, appelé avec toi à ressusciter».

LA RESURRECTION: VICTOIRE DE LA VIE

BOULEVERSANTE IDENTITÉ

« Jésus prends avec lui Pierre, Jacques et Jean, et les emmène, à l'écart, sur une haute montagne » (Evangile de Marc 9,2).

Une journée au vert, au milieu des multiples occupations quotidiennes, pour faire le point et se ressourcer. Une virée à quatre copains en quelque sorte! Et la banalité de la vie prend des couleurs inattendues ! Il en est souvent de même dans les rencontres en tête à tête avec les prisonniers et nul ne peut dire à l'avance les résultats auxquels peuvent aboutir les multiples dialogues.

N'est- ce pas du luxe, du temps perdu qui ne rapporte rien, en ce temps de crise financière, économique, sociale ? Et si on mettait cette occasion à profit pour mieux se connaître et aller au fond des choses? C'est quoi cette incroyable histoire du mort-crucifié qui se relève après trois jours? Suis-je concerné ? Et pourtant, si c'était la plus formidable « Nouvelle », du domaine de la foi, pour l'humanité tout entière? Si tout cela est vrai, ça peut donner le vertige!

L'histoire ne dit pas ce que contenait leur sac à provision. Peut- être du pain bio du resto d'Emmaüs, un fromage de brebis de Bethléem, un saucisson, une bouteille des meilleurs crus de Cana?

Cela ne vous donne vraiment pas envie de participer à l'excursion?

L'objectif du personnage principal est de dévoiler aux autres son identité profonde et la leur, son programme de vie, ses projets, et de les y associer.

Le reportage, que nous donne l'Evangile de l'événement, nous apprend que les conversations ont tourné autour d'un mot nouveau, cachant une réalité nouvelle: « Anastasis », ce qui se traduit par « Résurrection ».

La mise en scène n'est pas mal non plus: vêtements éblouissants, personnages illustres, Moïse, Elie. Personnages bibliques transfigurés, et même le son ne manque pas: voix qui vient d'ailleurs. Tout est réuni pour un nouveau film des frères Dardenne, eux qui savent si bien refléter les réalités de vie des gens.

Mais il y a embargo: « n'en parlez à personne ». D'accord, on n'en parle pas jusqu'à ce que cela se soit vraiment passé. De toute façon nous ne comprenons pas très bien ce que veut dire: « ressusciter d'entre les morts » (Marc 9,10).

Ce n'est en effet que deux ou trois ans plus tard, que deux gars, retournant chez eux découragés par la mise à mort de leur leader, sont rejoints sur le chemin d'Emmaüs par un inconnu qu'ils invitent avec eux au resto du coin. C'est là qu'ils le reconnurent bien vivant à sa manière de rompre le pain. Ils avouent bien franchement: « *Notre coeur n'était-il pas tout brûlant au dedans de nous, quand Il nous parlait en chemin, et qu'Il nous expliquait les Ecritures?* » (Evangile de Luc 24,32).

Ne désespérons pas des questions sans réponses, des doutes et incompréhensions, tant que nous sommes en route. Toutes ces réalités sont du domaine de la foi. Nous vivons dans le brouillard, tant que nous n'avons pas atteint le but et la fin de nos existences terrestres, « une nuée nous couvre de son ombre » et les bruits du monde - plaisirs, compétitions, intérêts immédiats, conflits, ainsi que nos petites et grandes misères-nous empêchent d'entendre la voix qui sort de cette nuée: « *Celui-ci est mon Fils bien-aimé en qui j'ai mis tout mon amour, écoutez-le* » (Evangile de Marc 9,7).

Le prophète Ezéchiel, dans son livre (chapitre 37), nous fait une belle description de ce qui, selon lui, va se passer; il semble en être à la fois reporter et acteur. Il nous raconte:

« *L'Esprit m'empoigna, me transporta dans une vallée désertique pleine d'ossements desséchés et me la fit parcourir. Une voix me dit: Fils d'homme ces ossements vivront-ils? Et un ordre me fut donné: Prophétise sur ces ossements. Tu leurs diras: Ossements desséchés, écoutez la Parole de Yahvé. Voici que je vais faire entrer en vous l'Esprit et vous vivrez. Je mettrai sur vous des nerfs, je ferai pousser sur vous de la chair; je tendrai sur vous de la peau et je vous donnerai un Esprit, et vous vivrez. Tu diras : Viens des quatre vents, Esprit, souffle sur ces morts, et qu'ils vivent.*

J'ouvrirai vos tombeaux et je vous en ferai remonter, mon peuple. Je mettrai mon Esprit en vous, et vous vivrez... et vous saurez que moi, votre Dieu, j'ai dit et je le fais. »

Le moment ne serait- il pas venu de travailler ensemble à dissiper le brouillard, à sortir de la nuée, pour faire éclater l'éblouissante lumière de la Résurrection, celle du Christ et la nôtre!

LES SENTEURS DU TABLIER

« La mesure dont vous vous servez pour les autres servira aussi pour vous. C'est une mesure bien pleine, tassée, secouée, débordante, qui sera versée dans votre tablier »
(Evangile de Luc 6,38)
Voilà une manière bien concrète de la part de Jésus d'exprimer son amour débordant - sa grâce diront certains - pour celles et ceux qui auront à cœur d'être au service des autres, les blessés de la vie, les rejetés, les exclus de toutes sortes.
Pour parler d'une manière aussi imagée, il devait sans doute fréquenter les petits ou grands marchés des villes et villages, là où les maraîchers servent leurs clients avec une sorte de pinte graduée - une mesure - contenant les aliments de base à la préparation des repas de famille. Avec ce genre de récipient tassé, secoué, débordant ou non, on pouvait bien sûr être juste, honnête, ou tromper le client ; en effet, le prophète Isaïe dans le Premier - Testament dénonçait déjà ceux qui exploitaient les pauvres en diminuant les mesures et en faussant les balances.

Elisabeth et Marie, comme la plupart des femmes du village de Nazareth, fréquentaient sans nul doute ces marchés hebdomadaires pour acheter les victuailles que l'épicier versait avec la pinte dans le tablier. Et Jésus gamin, comme les enfants de la localité, ne manquait pas d'assister à cette scène couleur locale.
Ah ! Ce fameux tablier ! Celui de semaine et celui du dimanche, que portaient nos aïeules, mères et grands - mères, était un vêtement à usage multiple : protection des habits contre toute forme de souillure, il servait souvent de sac à provisions pour transporter les œufs récoltés au poulailler, transbahuter les pommes de terre et les légumes venant du jardin ou de la cave, ramasser les fruits tombés des arbres du verger, apporter la réserve de petits bois ou les bûches pour alimenter le poêle de la maison, mais aussi servir de gants pour retirer les plats brûlants du fourneau, essuyer les larmes des enfants et faire rapidement les poussières quand s'annonçait une visite impromptue.

Tous ces gestes révélaient des missions de service au sein de la famille et identifiaient le rôle de la femme à cette époque. Aujourd'hui, la société évoluant, c'est aussi l'homme qui partagera les tâches du ménage et ne manquera pas de porter lui aussi le tablier.
Et que dire du tablier dont se revêtit Jésus la veille de sa passion, le Jeudi Saint, quand Il était à table avec son équipe pour le dernier repas célébrant la Pâque juive :
« Il se lève de table, quitte son manteau, et, prenant un linge dont il se ceignit, se mit à laver les pieds de ses apôtres et les essuyer avec ce tablier » (Evangile de Jean 13,4-5).
Aujourd'hui encore, à la table eucharistique, si souvent mal comprise et désertée, le Christ Jésus passe auprès de chaque convive afin de lui laver et essuyer les pieds. Sans préséance, personne n'est laissé de côté ! Pas de premier ni de dernier ! Pas de pur ni d'impur ! Il n'y a que des compagnons égaux venus partager le même pain de Vie : tous les blessés de la vie, ceux qui n'en peuvent plus, ceux qui pleurent, prient, se révoltent, espèrent une libération rapide et rêvent d'un monde meilleur.

Ensemble à la même table, il n'y a qu'une seule manière de faire mémoire de Lui : se comporter comme des frères d'égale dignité et vivre la Pâque, le Grand- Passage, de toute forme d'enfermement de l'humanité tout entière vers la liberté totale qui n'a pas de prix.

> *« Comme Lui, savoir dresser la table.*
> *Comme Lui, nouer le tablier.*
> *Se lever chaque jour*
> *Et servir par amour comme Lui ».*

Un jour, alors que j'étais encore enfant, je pleurais à chaudes larmes sur les genoux de ma grand-mère. Celle-ci, pour me consoler, s'empressa de m'envelopper avec amour dans son vaste tablier dont elle se servait pour essuyer mes larmes.

Plusieurs dizaines d'années après, il me semble encore respirer les senteurs que dégageait ce vêtement. Il était et reste pour moi aussi sacré que celui qui essuya les pieds des apôtres à la dernière Cène, ou le linge de Véronique sur le chemin de la Passion du Christ, mais aussi le linceul qui enveloppa le corps du Seigneur descendu de la croix et mis au tombeau. Ce linceul que les femmes, courues au tombeau de bon matin du troisième jour, trouvèrent plié et rangé parce que le Christ est ressuscité.

L'ESPRIT: FEU, SOUFFLE, LUMIERE, AMOUR

LE VENT SOUFFLE OÙ IL VEUT !

Tout au long des semaines qui précèdent des élections démocratiques, la course aux voix s'accentue à travers une multitude de contacts, d'interventions, d'affichage, de débats de toutes sortes. Les candidats, hommes ou femmes, s'empressent, avec leur plus beau sourire, de présenter aux électeurs des programmes et des promesses alléchants allant dans tous les sens. Quelle bataille d'identité, d'idées, de programmes, de chiffres, de conception de société, de politique pour l'avenir des citoyens des communes, du pays, de l'Europe, du monde ! Où est dans tout cela la vérité ? A qui peut-on faire confiance ?

Pendant ce temps- là, plusieurs milliers de personnes, en détention provisoire ou définitive, sont exclus des débats démocratiques et du droit de vote.

« Rejetons les activités des ténèbres et revêtons-nous pour le combat de la lumière » disait déjà St Paul dans sa lettre aux Romains (13, 14)

« Faire la lumière ! », « allumer le feu ! » Apporter la clarté a toujours été ardu, quand les vents soufflent dans tous les sens pour tenter de faire vaciller la flamme, la parole, du voisin et faire briller la sienne. La lumière est en effet souvent gênante pour ceux et celles qui sont « dans la course ». Ceux-ci visent souvent leurs intérêts personnels ou ceux des groupes rivaux ; ne sont- ils pas appelés à gérer d'énormes systèmes économiques ou financiers en tenant compte du bien commun de toute la population.

« Conduisons-nous honnêtement, comme on le fait en plein jour ».

Voilà sans doute un programme pour les longues journées de clarté, l'été étant en effet un temps d'émerveillement.

Temps de la croissance des fruits à partir de toutes les fleurs fécondées au printemps et qui ont résisté au gel.

Temps du mûrissement de toutes les connaissances assimilées par les études, les formations, les stages, les expériences de vie, les activités multiples.

Temps d'affermissement de tous les projets élaborés avec conviction, et courage et temps d'exhortation à persévérer dans le « combat pour la lumière ».

« Il nous faut passer par bien des épreuves pour entrer dans le Royaume de Dieu » (Actes des Apôtres 14, 22).

Temps d'ouverture des portes et fenêtres, afin de laisser entrer dans notre demeure le vent de l'Esprit-Saint. Mais qui est-Il vraiment Celui-là ? Qu'en dit notre foi ?

Il ne manque pas de nous accompagner, si nous le souhaitons, quand nous prenons le temps de « cultiver la part de bonheur qui est en nous », dans le but d'actualiser sa promesse : *« Pour que ma joie soit en vous et que vous soyez comblés de joie »* (Evangile de Jean 15, 11).

L'Esprit du Vivant, du Ressuscité, le jour de la Pentecôte, a soufflé Lumière et Force dans des collaborateurs peureux et découragés. Il est capable de réaliser aujourd'hui un fameux travail avec celles et ceux qui souhaitent Lui ouvrir leurs portes en toute liberté.

Il est en effet : *« Repos dans le Labeur, Fraîcheur dans toutes nos Fièvres, Réconfort dans nos Pleurs »*. Il est capable, et Il le prouve encore chaque jour, de réaliser son programme:

« Laver ce qui est souillé,
Baigner ce qui est aride,
Guérir ce qui est blessé,
Assouplir ce qui est raide,
Réchauffer ce qui est refroidi,
Redresser ce qui est tordu » (Séquence de Pentecôte).

Merveilleux programme pour les communautés, les groupes, les mouvements, les organisations que nous sommes appelés à former dans nos milieux de vie. Chemins pour faire du neuf dans la modernité d'un ciel nouveau et d'une terre nouvelle.

L'EGLISE: PEUPLE DE L'ALLIANCE

OUVRE-TOI !

Mais à quoi faut-il s'ouvrir ? Nous sommes en chemin avec d'autres vers un monde pluriel, en profonde et rapide mutation, avec en tête et dans le cœur un besoin vital et urgent de proposer la Bonne Nouvelle de l'Evangile à des populations qui aspirent à la modernisation des institutions.

Il y a 50 ans, dans un monde déjà en plein changement, l'Esprit Saint inspira un vieux Pape de transition, rempli de bonhomie et de sagesse, Angelo Roncalli, devenu Jean XXIII. Celui- ci, sans hésiter, prit la balle au bond et lança l'idée de convoquer un concile ; ce qui, paraît-il, rendit les cardinaux de la curie romaine « remplis de stupeur».

Mobiliser, le temps qu'il fallait, les 2400 évêques et cardinaux de tous les continents et avec eux leurs collaborateurs et experts, être attentifs ensemble à une opinion publique planétaire en train de se constituer, ne fut pas une mince affaire.

Le concile, dit « œcuménique », se réunit à Rome, en quatre sessions de travail intensif, du 11 octobre 1962, date de son ouverture, au 8 décembre 1965, avec un programme de « mise à jour » « aggiornamento » : aller à la rencontre des grands défis humains, redéfinir ce que devait être l'institution Eglise à l'intérieur d'elle-même et pour le monde nouveau, et la faire ainsi entrer dans la modernité. Ce fut un événement historique unique dans le siècle: « une nouvelle Pentecôte pour l'Eglise ».

Le 3 juin 1963, le vieux pape Jean meurt, pleuré par le monde entier. C'est le cardinal Montini, archevêque de Milan, qui fut élu Pape le 21 juin, et il prit le nom de Paul VI, un homme dit de consensus. Il décide immédiatement la poursuite du Concile et augmente le nombre des observateurs des Eglises relevant de Rome et des autres Eglises. Il invite aussi 42 auditeurs laïcs, dont 7 femmes, à suivre les travaux.

Sont sortis des séances de travail dix-sept documents, élaborés consciencieusement, avec de très nombreux amendements apportés par ceux qu'on appelle les 'Pères conciliaires'. Ceux-ci, d'origines et de tendances diverses, les ont élaborés parfois au milieu de fortes tensions, venant tant des traditionalistes que des progressistes. Finalement ces textes ont été adoptés démocratiquement par des majorités impressionnantes. Il s'agissait avant tout d'ouvrir largement portes et fenêtres de la vieille institution Eglise pour laisser entrer le souffle bouleversant de l'Esprit Saint, capable d'apporter le renouveau nécessaire. *« On ne met pas le vin nouveau dans de vieilles outres, mais dans des outres neuves »*.

Le chrétien n'est pas fait pour vivre dans des cercles fermés, d'esprit moyenâgeux, repliés sur eux-mêmes. Il est appelé à vivre avec courage la foi chrétienne en pleine pâte humaine, afin d'être le levain qui la fait monter et le sel qui donne goût à toute la vie.

Deux grands textes-clés mériteraient d'être connus, travaillés, popularisés :
1) « Lumen gentium » (Lumière des nations : 21 novembre 1964) allant au fond des choses pour expliquer ce qu'est vraiment l'Eglise en elle-même.
2) « Gaudium et spes » (Les joies et les espoirs, les tristesses et les angoisses du monde : 7 décembre 1965) sur le rôle de l'Eglise dans le monde présent et ses

nombreux enjeux.

Les interventions des participants, avec leurs convictions, leurs particularités, originalités, préoccupations, hésitations, tâtonnements, affrontements, rendaient les débats passionnants, mais apprenaient en même temps aux évêques du monde entier à se connaître. En dehors de l'enceinte vaticane, ils se rencontraient également dans les couloirs, les groupes de travail, les trattorie (restaurants) et les petits bars de la cité antique où l'occasion leur permettait de dialoguer, de communiquer entre eux et de partager la responsabilité collective d'une Eglise qui devenait ainsi de plus en plus universelle.

Un illustre cardinal de Milan, du nom de Martini, qui ne manque pas d'autorité, vient de mourir. Dans son ultime interview à des journalistes de grandes revues françaises *« Croire aujourd'hui »* et *« Jour du Seigneur »*, il relance le débat par des affirmations lucides et d'une grande franchise. Il rejoint sans doute ainsi la manière de penser de Jean XXIII, l'initiateur de Vatican II, dans ce que certains appellent « son testament spirituel ».

« L'Eglise a 200 ans de retard. Mais pourquoi ne se secoue-t-elle pas ? Avons-nous peur ? Peur au lieu de courage ? La foi, la confiance, le courage sont les fondements de l'Eglise. Je suis vieux, malade et je dépends de l'aide des autres. Les personnes bienveillantes qui m'entourent me font ressentir l'amour. Cet amour est plus fort que le sentiment de découragement que je perçois de temps en temps dans les combats de l'Eglise en Europe. Seul l'amour peut vaincre la fatigue. Dieu est Amour. J'ai encore une demande à te faire : et toi, que peux-tu faire pour l'Eglise ? » (Testament du Cardinal Martini).

C'est à chacun de nous que cette question est posée aujourd'hui.

LA PRISON ET LES SACREMENTS

« Humiliation, perte d'identité, privation de liberté, de l'action, du mouvement, s'accompagnent d'une perte de sa conscience de citoyen, d'homme. L'individu dérive de l'homme responsable vers l'animal plein de haine et de rage .Il se pose les questions suivantes : la vie en prison n'est-elle que survie ? Peut-on faire de l'épreuve de l'enfermement une épreuve constructive dans la vie d'un homme ? Peut-on ressortir grandi, renforcé, d'un passage par la prison ? Ma détention est un long mur de haine, qui monte toujours plus haut. J'ai de plus en plus de peine à la contenir, cette haine, et parfois j'en ai mal aux tripes. J'ai envie de crier à tous qu'un jour j'aurai ma revanche» (Lettre d'un prisonnier).

Naviguer comme aumônier à l'intérieur d'une prison, y passer des heures à rencontrer des détenus de cellule en cellule, selon leurs demandes et leurs appels, pratiquer l'écoute attentive et respectueuse des personnes en souffrance abîmées par la vie et les évènements qui les ont amenés à être prévenus ou condamnés, est un long chemin de croix, un pèlerinage à la rencontre de l'inattendu. Mais tout chemin de croix doit aboutir à une résurrection. En effet notre foi nous dit qu'aller à la rencontre de l'homme, c'est aller à la rencontre de Dieu lui-même, et que *« Le Dieu que tu vas trouver dans l'inattendu est plus sûr que Celui que tu vas quitter après l'avoir fréquenté dans ta prière »*.

Mais qu'avons-nous à proposer d'autre à ce monde, qui est le nôtre et que nous aimons, que la parole de Saint Augustin : *« Ne faisons pas passer l'amour de la vérité avant la vérité de l'Amour »*.

Ce message est compris et distillé tout au long de la vie, par les **« Sacrements de l'Eglise »**. Ils sont les actes des communautés de croyants en Jésus mort et ressuscité qui rendent Dieu présent dans les réalités humaines les plus quotidiennes.

La naissance : **« le Baptême »** nous plonge dans l'amour de Dieu, comme en un bain de nouvelle jeunesse et nous fait naître à une dimension d'éternité.

La croissance : **« la Confirmation »** nous affermit dans l'espérance et la foi en nous faisant membres-responsables du peuple qui appartient à Dieu.

Le repas : **« l'Eucharistie »** nous nourrit du Pain de Vie pour avancer sur les chemins de l'Evangile et faire communauté d'Eglise.

Face aux conflits, aux violences de toutes sortes : « la **Réconciliation**» nous redit la tendresse du Père qui nous greffe un cœur nouveau et nous réapprend à aimer.

Face aux maladies, qui rongent et abîment l'homme, « **l'Onction des malades** » vient au secours de nos faiblesses et fait jaillir l'espérance.

Pour leur épanouissement et leur fécondité, les couples qui le demandent sont unis par Dieu dans **« le Mariage »**. L'Esprit les rend capables d'aimer jusqu'au bout et leur communion devient l'image même de Dieu-Trinité d'Amour.

Les appelés au service du peuple de Dieu sont consacrés par **« l'Ordination »**. Ils deviennent entièrement serviteurs, chargés de la mission apostolique à la suite du Christ.

Ces sacrements, qui jalonnent les sept mouvements de la vie de chaque homme et de l'humanité entière, sont comme « *les sept yeux, les sept esprits de Dieu, de l'Agneau qui se tient debout, comme immolé, en mission sur toute la terre* » (Apocalypse 5,6). Ils donnent sens, force et dimension d'éternité à toutes les situations de l'humanité, en état de liberté ou en prison.

C'est à travers ces actes d'interactivité entre l'homme et Dieu, dans le quotidien, que « *On voit bien que la puissance extraordinaire que nous avons ne vient pas de nous, mais de Dieu, et que c'est un trésor que nous portons dans des poteries sans valeur* » (2ème Epitre aux Corinthiens 4,7).

Mais à quoi peut servir ce trésor, sinon à faire grandir tout homme en humanité, comme individus et citoyens de la terre et du ciel, tout au long du pèlerinage de nos existences.

« *A tout moment, nous subissons l'épreuve, mais nous ne sommes pas écrasés ; nous sommes désorientés, mais non pas désemparés ; nous sommes pourchassés, mais non pas abandonnés ; nous sommes terrassés, mais non pas anéantis. Ainsi la vie de Jésus-Christ sera manifestée dans notre corps* » (2ème Epitre aux Corinthiens 4,8-10).

DIGNITE

« Seigneur, je ne suis pas digne... » sont les mots que nous prononçons avant de nous avancer, pour recevoir dans nos mains et le faire passer dans nos vies, le Corps du Christ. Mais acceptons-nous encore d'aller à sa rencontre, de le laisser entrer chez nous, le recevoir, l'accueillir comme cadeau de qualité et gratuit, capable de nous transformer en profondeur ?

Un rapide coup d'œil dans le rétroviseur sur nos vies passées fait souvent hésiter sur l'état de notre dignité, et nous fait poser la question : « pour qui sont les sacrements de l'Eglise ? »

Le cardinal Carlo Maria Martini (1927-2012), jésuite, archevêque de Milan, lors de son dernier interview avant sa mort, répondit à cette question : *« Nous savons que nous ne sommes pas dignes. L'amour est grâce. L'amour est don. La question de savoir si les époux divorcés, par exemple, peuvent recevoir la communion devrait être retournée : comment l'Eglise peut-elle venir en aide, avec la force des sacrements, à ceux qui vivent des situations familiales complexes ? Les sacrements ne sont pas des instruments de discipline, mais une aide pour les hommes durant leur cheminement et durant les moments de faiblesse de leur vie. Est-ce que nous portons les sacrements, instruments de guérison, à ceux qui ont besoin de nouvelles forces ? »*.

Notre époque semble, tout à la fois renvoyer les sacrements de l'Eglise dans les sacristies et mettre Dieu sur la touche. Le priver de son *« droit de cité »*, confondre créatures et Créateur et Le remplacer par des idoles modernes semblables au veau d'or des Hébreux au désert. Ceux-ci venaient à peine de recevoir, par l'entremise de Moïse, dix commandements de l'Éternel.

« Seigneur, je ne suis pas digne...mais dis seulement une Parole, et je serai guéri ».

Par l'intermédiaire des prophètes de notre temps, qu'il ne faut pas chercher bien loin, sa Parole éternelle retentit : *« Je te propose aujourd'hui la vie ou la mort, la bénédiction ou la malédiction. Choisis donc la vie, pour que toi et ta postérité vous viviez »* (Deutéronome 30,19).

Jean-Claude GIANADDA, auteur-compositeur français, nous livre sa nouvelle chanson : *Choisir*.

Refrain : *« Comment veux-tu que je choisisse,*
          « Je n'ai jamais trouvé d'emploi,
          « Je n'ai trouvé que l'injustice,
          « Comment veux-tu que j'aie le choix ? »

En arrivant au carrefour, J'avais en poche un beau diplôme ! On m'a dit que peut être un jour... et j'attends des emplois fantômes !

J'écris vingt lettres au moins par jour, Je vais de naufrage en naufrage ! J'entends passer les beaux discours... moi, mon métier c'est le chômage !

Je suis traité en S.D.F., Je n'ai que la vie pour salaire ! Tous les regards me font griefs... Je suis au fond de la galère !

Cette dignité, qui nous manque, ne nous est pas donnée en cadeau, mais s'acquiert dans le combat pour la justice à travers la solidarité. Et Dieu dans tout ça ?
Par les sacrements, c'est Dieu lui-même qui passe dans nos vies, et, à la manière du Bon Samaritain, rencontre, sur les chemins tortueux de notre histoire, toutes les victimes d'agressions et les blessés de la vie dont nous sommes. Il prend le risque de s'arrêter, de nous approcher, de nous donner les premiers soins, de nous charger sur sa monture, de nous confier aux institutions spécialisées qui sont ses mains, en vue de nous remettre debout. Et c'est Lui qui paye la note.

La dignité de tout homme et de l'humanité tout entière se trouve dans ce geste et dans cette parole : *« Comme la goutte d'eau se mêle au vin pour le sacrement de l'Alliance, puissions-nous être unis à la Divinité de Celui qui a pris notre humanité »* (Offertoire de la messe).
« Voyez comme il est grand, l'amour dont le Père nous a comblés: il a voulu que nous soyons appelés enfants de Dieu, et nous le sommes » (1ère Epître de Jean 3,1).
Et s'Il voulait faire de nous des artisans d'un monde plus juste et plus humain, afin que :
Lorsque domine la haine, nous annoncions l'amour.
Lorsque blesse l'offense, nous offrions le pardon.
Lorsque sévit la discorde, nous bâtissions la paix.
Lorsque s'installe l'erreur, nous proclamions la vérité.
Lorsque paralyse le doute, nous réveillions la foi.
Lorsque pèse la détresse, nous ranimions l'espérance.
Lorsque s'épaississent les ténèbres, nous apportions la lumière.
Lorsque règne la tristesse, nous libérions la joie.
Prière et programme attribués à François d'Assise (1182-1226).

TRAQUEUR DE MYSTÈRE

Daniel, à la fois révolté et fatigué de la vie, avait tenté à plusieurs reprises de mettre fin à ses jours. Ses bras, qu'il me tendait avec chaleur et amitié lors de mes visites en cellule, étaient remplis de cicatrices qui étaient autant d'appels de détresses suite aux nombreuses chutes et rechutes en prison. « Chaque fois, on m'a repêché, mais j'y arriverai un jour » me dit-il. Et il y est arrivé.
Une nuit, vers deux heures du matin, il accrocha la corde fatale, fabriquée par lui-même, aux barreaux de la fenêtre de sa cellule et s'y pendit. Les détenus qui rêvaient aux étoiles, accrochés aux fenêtres du bloc faisant face, un peu à la manière des bergers de Bethléem la nuit de Noël, ont sonné l'alarme pour avertir les gardiens de service qui accoururent. Ceux-ci décrochèrent le corps, appelèrent du secours, mais ne purent le ranimer car il était trop tard.

Il est prévu dans le règlement carcéral que l'aumônier du culte auquel le détenu appartient soit prévenu. C'est la raison pour laquelle le téléphone me tira de mon sommeil et je me rendis immédiatement à la prison.
Dans la cellule, autour de la dépouille mortelle de Daniel, étaient réunis les représentants des différents services, appelés pour la circonstance, et l'invitation me fut adressée : « Faites ce que vous avez à faire ! ». Un moment de recueillement et de prière pour le confier dans les mains d'un Dieu qui est Père, une onction d'huile sainte pour marquer son identité de frère du Christ reçue au baptême et, comme autrefois les athlètes pour la lutte, le renforcer pour son ultime combat qu'est le grand passage, un signe de croix qui est un tremplin pour sauter dans l'océan de la plénitude de vie et la résurrection. Ensuite la direction me demande de rechercher les traces de la famille et de bien vouloir prévenir les membres de l'événement qui venait d'arriver.
En prenant un café avec le personnel, pour nous remettre de nos émotions, la question me fut posé amicalement de savoir à quoi pouvaient bien servir les gestes que je venais de poser, et particulièrement l'éventuel effet magique que pouvait avoir cette fameuse huile dont je oignis le front du défunt ? Je répondis que si, par le plus grand des hasards, la porte du paradis fut fermée à cette heure tardive, il sera plus facile de glisser l'âme de Daniel par le trou de la serrure à l'intérieur du Royaume des cieux, où le défunt, pendant sa vie, avait la certitude de trouver le bonheur qu'il n'eut jamais pendant son existence de souffrance ici-bas.

Personne n'est indifférent à la mort d'un proche avec qui il a vécu de longues années et qui subitement le quitte de manière tout à fait inattendue.
Sur son lit d'hôpital, avant de s'en aller, mon ami Jean Marie griffonna quelques phrases afin d'exprimer ses sentiments, ses émotions, ses questions, ses convictions, sa foi : *« Je suis un traqueur du mystère divin qui habite chacun et tous les hommes, l'humanité entière. Traqueur, parce que dans la traque, il y a un désir de débusquer, il y a quelque chose d'actif, on marche, on chemine, non pas seul mais avec d'autres, parfois dans le brouillard, dans les épines, mais aussi dans le soleil naissant»* et il

ajoute : « *C'est génial, c'est vital, la Vie m'aime et j'aime la Vie ! ».*
Quand Dieu passe dans la vie d'un homme, Il laisse des traces. Quand l'homme Lui ouvre les portes de son cœur et Le laisse s'y installer, ils font ensemble bon ménage, nouent des relations et rendent leur vie et le monde meilleurs. C'est ainsi que se bâtit vraiment *« une terre nouvelle et un monde nouveau » :* «*Voici que je me tiens à la porte et je frappe »* dit Dieu, *« si quelqu'un entend ma voix et m'ouvre son cœur, j'entrerai chez lui pour souper, moi près de lui et lui près de moi »*
(Apocalypse 3, 20).
La vie avec Dieu est loin d'être un long fleuve tranquille, mais n'est pas désagréable du tout ! On peut même dire que c'est la fête tous les jours et que l'homme en sort gagnant : *«Je vous dis cela pour que ma joie soit en vous et que votre joie soit parfaite»* (Evangile de Jean 15, 11). L'Evangile n'est autre que ce récit de cohabitation entre Dieu et l'humanité tout entière *: « un Dieu qui s'incarne pour libérer ».*

Les chrétiens, et les communautés qui les rassemblent, sont des hommes et des femmes comme tous les autres. On peut les définir comme des *« traqueurs passionnés des mystères de Dieu »* au cœur du quotidien de la vie du monde. Ce monde, ils l'aiment passionnément et s'y engagent avec toutes leurs énergies en vue de le transformer et le rendre habitable par tous et pour tous. Les traces du divin qu'ils y cherchent sont facilement repérables si on prend le temps de s'arrêter, de les scruter, les contempler, s'en réjouir et les célébrer.
La boussole qu'est l'Evangile, nous invite à répondre à la question : « As-tu épuisé tes forces pour soulager les souffrances de tes frères en semant sur leurs routes et celle du monde des pépites de résurrection ? ».
Quant à la dimension d'éternité, comme il est bon et rassurant, dans la foi, de se savoir accompagnés, comme les disciples d'Emmaüs dans leur détresse et leur découragement, et de reconnaître le Seigneur dans l'étranger qui marche avec eux et les invite à la fraction du pain.
Quelle joie aussi d'être attendu sur » « l'autre rive », par un ami qui vous accueille au petit matin d'un jour nouveau, avec « un feu de braise, du poisson posé dessus et du pain » et de s'entendre dire : *« Venez déjeuner ! »* (Evangile de Jean 21, 10-12).

LA SORTIE

Quand je suis sorti de prison, seul avec mon baluchon, personne ne m'attendait et je ne savais pas vers où aller. Il y a si longtemps que je n'avais plus marché dans la rue, sur des pavés, au milieu des gens. Mes plantes des pieds et mes mollets me faisaient mal. Je pensais que tout le monde me fixait des yeux et je longeais les murs pour échapper à leurs regards. J'avais un pantalon trop court et des manches trop longues, ayant pu trouver des habits au vestiaire de la prison. J'avais en effet tellement grossi pendant mes années de tôle, vu l'immobilité, le manque d'activités et la nourriture bourrative, qu'il me fut impossible d'entrer dans mes anciens vêtements devenus trop étroits. Perdu seul dans l'immensité de la ville, je me prenais pour le serpent tentateur du livre de la Genèse à qui Dieu dit : « *Parce que tu as fait cela, tu seras maudit parmi tous les animaux et toutes les bêtes des champs. Tu ramperas sur le ventre et tu mangeras de la poussière tous les jours de ta vie* » (Genèse 3,14). N'étais-je pas fou quand, dans la chapelle de la prison avec les autres détenus, l'aumônier nous faisait chanter « le Seigneur a fait pour moi des merveilles... ».

C'est alors que, sur les pavés, je me suis mis à marcher. En plein centre-ville, je me suis lentement habitué à l'anonymat de la foule. Passant devant une église ouverte, j'y suis entré, me suis assis seul dans un coin, me suis mis à pleurer longuement et je m'endormis sur un banc. Après combien de temps, je ne sais, quelqu'un est venu me toucher l'épaule et m'a adressé la parole : « Que fais-tu là ? Lève-toi et marche ». Mais dans quelle direction ?
Dupont et Dupond dans « Tintin en région liégeoise » :
« Y a-t-il du travail pour tous ? » dit l'un.
« Je dirais même plus : toute personne a droit à un travail décent qui respecte sa dignité. » dit l'autre.
« Réalisme ou Utopie ? » dit l'un.
« Je dirais même plus : l'un ne va pas sans l'autre » dit l'autre.
« Heureux ceux qui organisent la société pour qu'il en soit ainsi ! » dit l'un.
« Malheur à celui qui privilégie le fric aux dépens du DHIVA » dit l'autre.
« Qu'est- ce que c'est ce truc- là ? » dit l'un.
« Je dirais même plus : c'est le Développement Humain Intégral dans la Vérité de l'Amour » dit l'autre.

C'est un résumé de l'enseignement social de l'Eglise, des balises pour vivre la modernité de l'amour, des pistes pour organiser la société au service de l'épanouissement de tous.
Et les Dupont et Dupond de glisser les quatre fers en l'air sur une peau de banane, au son des jurons du capitaine Haddock.
Tintin, lui, posera la bonne question : « Y a-t-il place pour des sentiments, des états d'âme, dans l'organisation d'une économie au service de tout l'homme et de tous les hommes ? La vie est une longue marche avec tous les peuples pour inventer des chemins nouveaux de liberté et de solidarité ».

Les plus longues marches commencent par un premier pas dans la bonne direction.
Il y a tant de pas à faire ensemble. Des synergies à développer, des plans à élaborer, des stratégies à mettre en place, des concertations et négociations à organiser, des convictions à nourrir et à affirmer, des actions à mener. Des dialogues à promouvoir, des dignités à respecter, des espérances à susciter, des solidarités à tisser, des droits fondamentaux à défendre.

Il y a tant de murs à abattre, des barrières à lever, des peurs à vaincre, des combats à livrer, des victoires à gagner, des pierres qui ferment les tombeaux à rouler.
Accroche ta charrue aux étoiles, trace les sillons, laboure des nouvelles terres, ensemence, respecte et développe la croissance, n'oublie pas de moissonner au temps venu, de moudre le grain, de pétrir la pâte et de cuire le pain avec et pour tous.
Dans cette formidable aventure de la vie, rejoins l'Homme qui marche, ou laisse-toi rejoindre par LUI. Il y a longtemps qu'Il s'est mis en route, non pas seul, mais avec d'autres, en équipe, en mouvement, en communauté, en Eglise…
Cette marche commence et recommence chaque jour : à la suite du Ressuscité; elle pénètre ton quotidien d'un regard nouveau aux dimensions d'Eternité. C'est le chemin pour vaincre toutes formes de mort et faire triompher la VIE.

UN AVENIR POUR TOUS

Nous sommes en effet appelés à être les acteurs et actrices de l'accouchement d'une humanité nouvelle, car *« la guérison de la nature commence dans le cœur du jardinier »*. Dans les marchés de Noël, avez-vous perçu facilement la présence de Celui qui est au cœur du rendez-vous de la fête religieuse, ou bien toutes les animations de fin d'année Lui ont-elles porté ombrage ? L'incarnation de Dieu en Jésus Christ dans notre humanité est pourtant un souffle capable de donner sens et chances à l'avenir du monde. Où sont passés l'âne et le bœuf de la crèche, les bergers et leurs chèvres et moutons, l'or, la myrrhe et l'encens des rois mages, les anges annonçant par leur musique et leurs chants la Bonne Nouvelle d'un avenir meilleur pour tous ?

Le folklore ne risque-t-il pas de cacher le caractère dramatique de l'événement d'une naissance aux goûts amers, en déplacement à l'étranger, et dans des conditions d'extrême pauvreté et d'exclusion : *«Il est venu chez lui et les siens ne l'ont pas reçu »* (Evangile de St Jean 1,11). Dieu, en Jésus, rejoint ainsi tous les rejetés et exclus du monde, pour qui la vie est remplie de goûts amers, et Il s'identifie à eux.
« Les visites au parloir ont les goûts amers de l'attente des rendez-vous fugitifs qui ne dureront pas, ou qui échoueront au dernier moment…Le goût amer des adieux lors de mon arrestation en présence de mon épouse et des enfants en pleurs…Les goûts amers de l'isolement et de la solitude des murs froids et des fenêtres à barreaux, assis derrière une lourde porte en fer refermée brutalement…Les goûts amers des soirées des dimanches, de la rentrée scolaire des petits qu'on ne peut accompagner, des visites à l'hôpital, menotté entre deux policiers et regardé comme une bête curieuse par une foule de passants méfiants…le goût amer de la lettre qu'on attend et qui n'arrive pas, de celui ou celle qu'on espère et qu'on ne voit pas venir…Le goût amer du baiser d'adieu, des lits vides et des cendriers froids… Le goût amer des plaidoyers qui déballent vos intimités, faits et méfaits, sentences et sentiments, répercutés par une presse à sensation…Le goût amer de ne pas pouvoir librement aimer et se sentir aimé » (Témoignages de prisonniers).
A la fin d'un récit de la Création qui s'étale symboliquement sur sept jours, comme si Dieu prenait plaisir à créer, la Bible nous dit : *« Dieu vit tout ce qu'Il avait fait. Voilà, c'était très bon »* (Livre de la Genèse 1,39). Dieu qui s'émerveille de Lui-même ! Mais les uns sont exclus de la grande table du monde par l'égoïsme des autres. (Cardinal R. Etchegaray : 'L'homme à quel prix ?' 2012)

« Si grands qu'aient été les efforts déployés, les progrès accomplis, si héroïques les sacrifices innombrables, le prix de l'homme libre n'a pas encore été payé par l'homme, ni même défini à sa juste valeur. En ce moment même, des milliers d'êtres humains, nos semblables, accablés ou révoltés, nous attendent, toi et moi » (René Maheu, ancien directeur de l'Unesco).

'Un vieux monde s'en va et le nouveau monde est déjà là, ne le voyez-vous pas ? Les crises ne manquent pas, aussi bien financières qu'économiques, sociales, religieuses ou écologiques. Que pouvons-nous faire pour que ces crises soient pour tout homme sans exception « des crises de croissance vers plus d'humanité »?
Pour celles et ceux qui vivent ces crises et qui en sont victimes, on peut comprendre que le soleil s'obscurcisse, que la lune et les étoiles perdent leur éclat et qu'ils soient affolés par la tempête qui fait rage (Evangile de Luc 21,25).
Avons-nous entendu cependant, ces dernières semaines, les appels répétés des prophètes à ne pas paniquer et à relever les défis par « la solidarité et la justice intergénérationnelles » !

Avons-nous porté notre attention aux interpellations encourageantes et pleines d'espérance d'une Parole qui nous vient d'au-delà de l'homme et qui traverse toute l'humanité pour lui donner sens, hier, aujourd'hui et demain, si nous la prenons au sérieux et la mettons en pratique : *« Debout ! Redressez-vous ! Relevez la tête ! Tenez-vous sur vos gardes ! Restez éveillés ! Priez en tout temps ! Faites de nouveaux progrès ! »* (Temps d'Avent). Il s'agit vraiment de *« Faire, connaître et avoir plus pour être plus »*.

LE JUGEMENT: «VENEZ LES BENIS DU PERE»

LA FOI AU GOÛT DE PAIN FRAIS

Je voudrais clôturer cette série de réflexions et de méditations sur le rôle d'une aumônerie parmi les détenus en prison par une chanson du Père Aimé DUVAL (1918-1984) jésuite, auteur, chanteur et, en quelque sorte, troubadour de l'Evangile :

Le Seigneur reviendra

Le Seigneur reviendra
Il l'a promis
Il reviendra la nuit
Qu'on ne l'attend pas
Le Seigneur reviendra
Le Seigneur reviendra
Il l'a promis
Ne sois pas endormi
Cette nuit-là

Dans ma tendresse, je crie vers Lui
Mon Dieu serait-ce pour cette nuit ?
Le Seigneur reviendra
Ne sois pas endormi
Cette nuit-là

Tiens ta lampe allumée
Tiens ta lampe allumée
Ton âme claire
Qu'il y ait de la lumière pour ses pas
Tiens ta lampe allumée
Tiens ta lampe allumée
Ton âme claire
Pour qu'Il n'ait pas de peine à te trouver

Dans ma tendresse, je crie vers Lui
Mon Dieu serait-ce pour cette nuit ?
Tiens ta lampe allumée
Pour qu'Il n'ait pas de peine à te trouver

Attends-Le dans ton cœur
Attends-Le dans ton cœur
Ne rêve pas de prendre loin de lui ton petit bonheur
Attends-Le dans ton cœur
Attends-Le dans ton cœur
Ne rêve pas qu'il fasse clair et bon dans ta maison
Dans ma tendresse, je crie vers Lui

Mon Dieu serait-ce pour cette nuit ?
Nous serons tout pour Lui
Nous serons tout pour Lui
Quand il viendra Il essuiera les pleurs de toute la vie
Nous serons tout pour Lui
Nous serons tout pour Lui
Tout pour sa joie puisqu'Il est tout pour nous pendant la vie

Dans ma tendresse, je crie vers Lui
Mon Dieu serait-ce pour cette nuit ?
Nous serons tout pour Lui
Puisqu'il est tout pour nous pendant la vie

Attends-Le dans ton cœur
Qu'il fasse clair et bon dans ta maison.

Le Père Aimé DUVAL a vécu pendant des années la prison de l'alcoolisme dont il a eu beaucoup de peine à se libérer. Il donne un émouvant témoignage de son calvaire et de sa résurrection dans un livre autobiographique attendrissant et poignant qui s'intitule : «L'enfant qui jouait avec la lune» chanteur,jésuite,alcoolique (Ed.Salvator).

Il fut pendant toute sa vie particulièrement attentif aux gens les plus humbles, aux misères et aux humiliations des gens de tout bord. On l'a souvent surnommé le « Brassens en soutane ». D'ailleurs Georges Brassens lui fit un jour un clin d'œil dans une de ses chansons intitulée *'Les trompettes de la renommée':*

«Le ciel en soit loué, je vis en bonne entente
Avec le père Duval, la calotte chantante
Lui, le catéchumène et moi, l'énergumène
Il me laisse dire 'merde', je lui laisse dire 'amen' ».

Gaëtan de Courrèges, chanteur et compositeur français, dit de lui :

« Toi, tu me parlais des petites gens, de leurs colères, de leurs tendresses, de
monsieur Jésus Christ surtout. Tu redonnais à l'Evangile son bon goût de pain frais.
Tu chantais, et la foi n'avait plus cette odeur de vieille sacristie. Ta foi faisait de la
poésie avec les mots de tous les jours. Tu m'as appris la foi au quotidien, en quelques
mots libres et amicaux poussant à l'aventure, et qui répètent inlassablement qu'on ne
peut rencontrer Dieu autrement qu'à travers l'homme ».

TOUT HOMME : UN FRERE

« Derrière les lourdes grilles et portes fermées, l'isolement, la solitude, les sentiments de culpabilités et d'inutilité, ajoutés aux privations de toutes sortes, sont causes de grandes souffrances pour moi et pour toute la population carcérale. Nous en parlons au préau, deux fois par jour, quand c'est possible, en tournant en rond. L'enfermement est atroce. C'est une chute interminable, dont on perçoit à peine les différentes étapes qui produisent notre minutieuse destruction. La mort à petit feu. Elle commence par la perte de toutes notions, affectives, familiales, sociales, si on ne parvient pas à entretenir un lien avec l'extérieur. Tout est fait pour que ce lien soit brisé…c'est la destruction progressive de toutes les facultés, morales, physiques, mentales, psychiques, comme un obsédant sentiment d'inutilité, d'être un poids mort et lourd à supporter par la famille, l'impression d'entraîner les autres dans sa chute. Un jour entier sans parler, c'est une éternité, un véritable enfer » (Extrait d'une lettre d'un détenu).

C'est avec eux, qu'à travers les diverses aumôneries, nous naviguons chaque jour au milieu des différences à respecter, des identités à forger, des innombrables défis de fraternité à lancer. En attendant que le soleil levant vienne pour fondre les rigueurs des longs hivers de haines et de violences et qu'il réchauffe nos cœurs.

Laissons-nous non seulement bercer, mais mobiliser, par les « Paroles de frontière » du chant de Yannick Noah (février 2010) :

«Partager le même soleil
S'éveiller sous le même arc-en-ciel
Espérer la même lumière
Redessiner d'autres frontières.

Je vous parle d'un monde qui n'existe pas
Un monde où les frontières ne diviseraient pas
La moindre différence comme ultime richesse
Sans barrière, sans bannière, inutiles forteresses.

Je vous parle d'un monde qu'il nous faudra construire
Que tant d'hommes avant nous ont rêvés de bâtir
Infantile utopie ou combat d'une vie
Les ténèbres ou l'amour, c'est à nous de choisir.

Où sont les différences dans le cœur des enfants
De là-bas où d'ailleurs, d'hier où maintenant
L'autre est de mon rang, de mon sang, c'est un frère
Il n'y a, vu du ciel, aucune ligne sur la terre ».

« Les petits et les pauvres cherchent de l'eau, et il n'y en a pas ; leur langue est desséchée par la soif. Moi, dit Dieu, je les exaucerai, je ne les abandonnerai pas. Sur les hauteurs dénudées je ferai jaillir des fleuves et des sources dans les ravins. Je changerai le désert en lac, et la terre en fontaine. Dans les plaines désertiques où rien ne pousse, je ferai des plantations capables de porter toutes sortes de fruits nourrissants et aux goûts agréables. Tout ce travail, afin que tout homme REGARDE et RECONNAISSE, afin que tous CONSIDERENT et DECOUVRENT que c'est la main du DIEU-CREATEUR qui a fait tout cela » (Prophète Isaïe 41,13-20).

Le P. Timothy Radcliffe, dominicain, parlait de 'la vrai compassion' à propos du bon Samaritain de l'Evangile : *« Le Samaritain vit l'homme étendu au bord de la route et fut pris de compassion »* (Evangile de Luc 10,33).

Compassion signifie littéralement qu'il fut pris aux tripes.

Le Brésil était le pays d' Helder Camara (1909-1999). Le saint archevêque de Recife fut un merveilleux exemple de compassion. Il était souvent accusé d'être un communiste à cause de sa préoccupation pour les pauvres qui vivaient dans les favellas, sur les collines autour de la ville. Il a dit : 'si je ne monte pas dans les collines, dans les favellas, pour les saluer comme mes frères et sœurs, alors ils descendront des collines dans les villes avec des drapeaux et des armes'. Parfois, quand Herder Camara avait entendu dire qu'un pauvre homme avait été emmené par les forces de l'ordre, il donnait un coup de téléphone à la police et disait : 'j'ai appris que vous avez arrêté mon frère'. Et la police était très embarrassée : « Votre Excellence, quelle erreur épouvantable ! Nous ne savions pas que c'était votre frère. Il sera libéré immédiatement ! ». Et, quand l'Archevêque allait au commissariat pour chercher l'homme, la police disait : 'Mais, Excellence, il n'a pas le même nom de famille que vous.' Et Camara de répondre que chaque personne pauvre était son frère. *L'homme, toujours l'homme ! Le prix de l'homme ? C'est d'être sans prix. Ou mieux, c'est d'avoir coûté la vie même de Dieu... Nous sommes loin de ces trafics mercantiles où l'on négocie le pied d'un footballeur, la jambe d'une star, la peau d'un immigré, le cerveau d'un savant. Plus l'homme se fait évaluer au poids de l'argent, moins il est apprécié à l'aune de l'amour. Dieu, le prix de l'homme.* (Cardinal R. Etchegaray dans 'L'homme à quel prix ?').

CONCLUSION

Chaque personne, dès sa naissance, a en elle les semences de la « sagesse ». La terre où elles sont semées a besoin d'être travaillée, afin que ces semences ne soient pas accueillies dans un sol pierreux où poussent les ronces et les épines. Notre société moderne, pluraliste et sécularisée, semble faire aujourd'hui peu de place, dans nos pays occidentaux, à la dimension d'éternité que comporte la vie de tout homme sans exception.

Et si on engageait des « traqueurs de mystère divin », et si on formait des « jardiniers du cœur de l'homme », et si on recrutait et formait des « pionniers de convictions sans frontières », et si on développait des « spécialistes des saveurs et senteurs d'humanité » !

Pour que la « sagesse » arrive à maturité, les semences doivent pouvoir germer, pousser, grandir, fleurir, donner pour tout homme et l'humanité entière de bons fruits nourrissants, aux goûts succulents et aux parfums agréables. Ecoutez cette parole du Premier Testament : *« J'ai poussé mes racines dans un peuple glorieux, je suis fixée dans la propriété du Seigneur. Là, j'ai grandi comme un cèdre du Liban, comme un cyprès sur la montagne de l'Hermon. J'ai grandi comme un palmier dans l'oasis d'En-Guédi, comme un plan de laurier rose à Jéricho, comme un bel olivier dans la plaine, j'ai poussé comme un bel arbre.*
J'ai répandu mon parfum comme la cannelle, le roseau de bonne odeur ou la myrrhe, comme le galbanum, l'onyx ou le storax, comme la fumée d'encens dans la tente sacrée.

Comme un arbre immense, j'ai étendu mes branches, des branches magnifiques et gracieuses. Je suis comme une vigne aux branches élégantes, mes fleurs donneront des fruits magnifiques et abondants. « Venez vers moi, vous qui me désirez, et rassasiez-vous de mes fruits. Oui, penser à moi est plus doux que le miel, me posséder est plus doux qu'un rayon de miel. Ceux qui me mangent auront encore faim, ceux qui me boivent auront encore soif. Celui qui m'obéit ne sera pas couvert de honte, et ceux qui travaillent avec moi ne commettront pas de fautes. Toute cette sagesse se trouve dans le livre de l'alliance du Dieu Très-Haut » (Siracide 24,12-23).

Une fresque du XIVe siècle représente le Christ ressuscité brisant les chaînes de la mort et libérant Adam et Eve ; Il les tire hors du tombeau en les empoignant par les poignets. Quelles que soient les chaînes qui entravent l'humanité et les prisons qui nous enferment, nous pouvons espérer et nous réjouir : « La victoire de la Vie sur toutes formes de mort est certaine, car le Christ est vivant ».

A la veille d'être exécuté par les nazis dans le camp de concentration de Flossenburg, Dietrich Bonhoeffer (1906-1945), théologien luthérien, fit parvenir un message à un de ses amis en lui disant : *« La victoire est certaine. Face aux souffrances de l'humanité, devant les guerres et les conflits, devant les haines, les injustices, les inégalités, devant les pires violences que l'on fait à l'homme et toutes formes de manques d'amour, nous pouvons dire, répéter, témoigner : La victoire est certaine.*

Dans chacune de nos vies, même lorsque notre capacité d'aimer et notre courage paraissent réduits en ruine, nous pouvons dire : La victoire est certaine ».
C'est au matin de Pâques que les disciples ont découvert que l'amour l'avait emporté sur la haine, l'amitié sur la trahison, la liberté sur toutes formes d'enfermement. C'est le jour de la Pentecôte que l'Eglise est née en prenant conscience de sa mission de porter à l'humanité entière ce message.

« Que Dieu rende active votre foi » (2e Epître aux Thessaloniciens 1,11).
« Laissons-nous réconforter par Notre Seigneur Jésus Christ lui-même et par Dieu notre Père, Lui qui nous a aimés et qui, dans sa grâce, nous a pour toujours donné réconfort et joyeuse espérance; qu'ils affermissent votre cœur dans tout ce que vous pouvez faire et dire de bien » (2e Epître aux Thessaloniciens 2, 16-17).
Afin que nous puissions réconforter tous ceux qui n'en peuvent plus !
Qui n'a pas un jour pensé ou crié : « ma vie est une prison », « Comment en sortir », « par quel chemin », « avec l'aide de qui », « pour aller dans quelle direction » ?
« Comment changer en sources d'eau vive, nos vallées de la soif ? » (Psaume 84,7). Comment travailler nos terres arides, pour qu'elles deviennent des terres promises où couleront le lait et le miel ?
Comment faire de nos familles, nos entreprises, nos quartiers, nos lieux de vie, nos hôpitaux, nos prisons, des lieux de fête, des maisons de paix, des temples ouverts à tous ?

L'Eglise, peuple de Dieu cherche son chemin, cinquante années après l'ouverture du Concile de toutes les espérances 'Vatican II'. Elle se définit des objectifs, un programme et des méthodes de « nouvelle évangélisation » et fait de nombreuses propositions. Il ne suffit pas seulement de « faire les cuivres », afin de briller à nouveau aux yeux du monde, ni de retapisser et repeindre la maison aux couleurs du temps.
Le monde attend de l'Eglise, société humaine et divine à la fois, qu'elle recommence à faire les miracles à la suite de son Maître. Les miracles de la rencontre et de la proximité avec le Christ et avec le monde. Les miracles de la guérison et de la réinsertion : des aveugles qui bondissent pour voir, des sourds qui veulent entendre, des muets qui aspirent à prendre la parole, des paralysés de toutes sortes qui attendent des porteurs pour les amener auprès de Celui qui leur dira : « lève-toi ». Les miracles des nouvelles résurrections de tous ceux et celles que l'on oblige à habiter des tombeaux et attendent d'en être libérés.

C'est pour réaliser tout cela que l'Eglise de demain a besoin d'ajusteurs capables d'aider le peuple de Dieu à s'ajuster sur le Christ : « donne-nous de penser comme Toi, de travailler avec Toi, de vivre en Toi » (prière jociste).
Elle a besoin d'éboueurs de qualité et motivés, pour ses stations d'épuration des eaux polluées et ses entreprises de recyclage des déchets que nous risquons d'être, là où l'argent est roi.
Elle a besoin de veilleurs et d'éveilleurs d'espérance pour ne pas rater l'aurore d'un nouveau printemps dont les signes pointent déjà à l'horizon.

Elle a besoin de semeurs de joie pour que toute vie devienne fête et que nous « retrouvions la joie d'être sauvés » (Psaume 50,14).
Elle a besoin d'accoucheurs des mystères de Dieu au cœur de la modernité, car, comme dit le Frère Dominique Collin- dominicain : *« le seul spirituel chrétien est charnel »*.

L'Eglise, à travers une multitude de nouvelles communautés, redeviendra alors, au service du monde, signe d'espérance pour tous, parce qu'elle reflètera la lumière du Soleil de Dieu et sera pour le monde d'aujourd'hui et de demain *« vitrail d'éternité»*.
« Sois béni, Père du ciel et de la terre d'avoir caché cela aux sages et aux savants, et de l'avoir révélé aux tout petits » (Evangile de St Luc 10,21).

HYMNE (bréviaire)

Tel un brouillard qui se déchire
Et laisse émerger une cime,
Chaque jour nous découvre, indicible,
Un autre jour que l'on devine.

Tout rayonnant d'une promesse,
Déjà le matin nous entraîne,
Figure de l'aube éternelle,
Sur une route quotidienne.

Vienne l'Esprit pour nous apprendre
À voir dans ce jour qui s'avance
L'espace où mûrit notre attente
Du jour de Dieu, notre espérance.

« Je ferai du Val d'Akor une porte d'espérance » (Osée 2,17)

TABLE DES MATIERES

Introduction 03

Vitrail : « La Création »....................................... **05**
Prospection pour une mission 06
Sel de la terre.. 08

Vitrail : « Le Christ ».. **10**
Justice réparatrice.. 11
Clin d'œil 13
La grenouille 14

Vitrail : « l'Incarnation » **16**
Chinez et vous trouverez... 17
Visite en haut lieu.. 19
Au bout du fil... 20

Vitrail : « La Passion »... **22**
« Chaussetter » pour communiquer 23
Les vents contraires... 25
Nid de guêpe et buisson d'épine 27
Taraudé par l'angoisse.. 29
Vitrail : « La Vie Éternelle »................................ **31**
Les marées du cœur... 32
Révélation 34
Paraboles 36

Vitrail : « La Réconciliation » **38**
Accompagnements.. 39
Mères-Courages 41
Les cieux s'ouvrirent 43
L'Homme en premier 45
L'Ajusteur de libération 47

Vitrail : « Alléluia »... **50**
Modernité heureuse 51
Message Universel 53
Nid Pascal 55
Résurrection 57

Vitrail : « La Résurrection »................................ **59**
Bouleversante Identité 60

Les senteurs du tablier 62

Vitrail : « Saint Esprit » 64
Le vent souffle où il veut 65

Vitrail : « l'Église » 67
Ouvre-Toi 68
La prison et les sacrements 70
Dignité 72
Traqueur de Mystère.. 74
La Sortie 76
Un avenir pour tous 78

Vitrail : « Le Jugement » 80
La foi au goût de pain frais 81
Tout homme est un frère.. 83

Conclusions 85

Oui, je veux morebooks!

i want morebooks!

Buy your books fast and straightforward online - at one of world's fastest growing online book stores! Environmentally sound due to Print-on-Demand technologies.

Buy your books online at
www.get-morebooks.com

Achetez vos livres en ligne, vite et bien, sur l'une des librairies en ligne les plus performantes au monde!
En protégeant nos ressources et notre environnement grâce à l'impression à la demande.

La librairie en ligne pour acheter plus vite
www.morebooks.fr

VDM Verlagsservicegesellschaft mbH
Heinrich-Böcking-Str. 6-8
D - 66121 Saarbrücken

Telefon: +49 681 3720 174
Telefax: +49 681 3720 1749

info@vdm-vsg.de
www.vdm-vsg.de

www.ingramcontent.com/pod-product-compliance
Lightning Source LLC
Chambersburg PA
CBHW020808160426
43192CB00006B/492